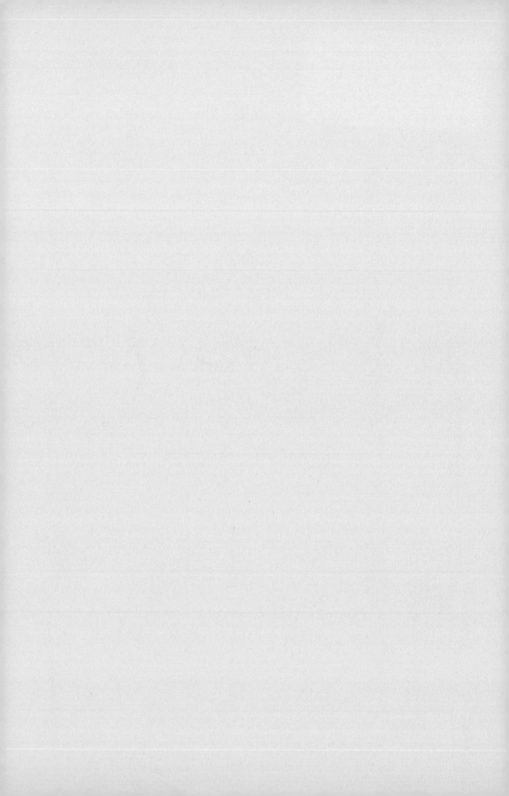

漢文早覚え速答法

［共通テスト対応版］

KANBUN
HAYAOBOE
SOKUTOUHOU

田中雄二 著

Gakken

はじめに

你好《ニーハオ》、同学們《トンシュエメン》。みなさん、こんにちは。

受験漢文なんてチョロイものだ。なぜなら、出るところは決まっているし、覚えることはわずかなのだから。キミたちは**「基本句形とよばれるパターン化された表現10と漢文特有の漢字91」に慣れるだけで、漢文の問題でカンタンに点を取ることができる**のだ。

たとえば、毎年必ず数校で出題される「使役の句形」では、「使《しム》二A《ヲシテ》B一→AをしてBしむ（AにBさせる）」というパターン化された読みに慣れ、「漢字がないから忘れやすい『をして』という読み」をしっかりつかんでおけば、選択肢を見るだけで問題が解けてしまう。

～選二用《シテ》廉《れん》吏《りヲ》一、使民衣食有余、自《ラ》不《ざラン》レ為《サ》レ盗《ヲ》。

問　傍線部の書き下し文として適当なものを次のア～オの中から選べ。

ア　民に衣食余り有らしめば
イ　民をして衣食に余り有るを使はば
ウ　民に衣食余り有らば
エ　民をして衣食に余り有らしめば

オ　民の衣食に余り有らば　〈文教大〉

さて、これを解いてみよう。

傍線部に「使」があるから出題されているのは受験頻出の「使役の句形」。「使」は「しむ」と読むから、「しめ（『しむ』の未然形）」と読んでいるアカエが正解。さらに、漢字表記されていないから忘れやすい「をして」をきちんと覚えていれば、「をして」を含むエが正解だとわかる。

あっという間に解けてしまった。

『使役』については、「AをしてBしむ」という読みのパターンに慣れてさえいれば、たとえ東大、早稲田大の問題でも、あっという間である。さらにありがたいことには、本当に覚えるのは「をして」だけでよい。なぜなら、「使《し》む」という漢字の読みは、眺めるだけで自然と覚えてしまうからだ。

長年、漢文の受験指導をしていて気づいたのだが、キミたちは漢字の読みならどんなに難しい字でもけっこうカンタンに覚えてしまう。ところが、漢字のない所の読みはすぐに忘れてしまうのだ。たとえば、「限定の句形」の「惟《ただ》〜ノミ」というパターンの場合、「惟《ただ》」という漢字は読めても、「ノミ」という読みを忘れ、選択肢や書き下し文で失敗することが多い。

したがって、使役の「使《し》む」や限定の「惟《ただ》」は眺めて慣れるだけでよく、本当に覚えなければならないのは漢字以外の「ヲシテ」や「ノミ」なのだ。だからこそ、受験に出題されるポイントのうち、本当に覚えるところはほんの少しでよい。

まだ納得していないキミのために、もう一つ例をあげてみよう。

たとえば、「レバナリ」という言い方は、「〜だからである」と訳し、理由を示す言い方である。「なり」については漢字の「也」をあてる場合があるが、「れば」については送りがな以外にない。

したがって、「レバ」に気づけば、もうそこには「理由」があると思えばいい。

ではこれを、実際の入試問題で確かめてみよう。

例にあげたのは東大の文脈把握問題。東大だからといって恐れるに足らずだ。


〜曰《ハク》、「然《リト》。」自《より》レ此《これ》之後、欲《スレバ》レ発《セント》二天下之大事《ヲ》一、未三嘗不二独寝《いネ》一。恐《ルレバ》四夢言《シテ》而使《しムルヲ》三人《ひとヲシテ》知《しラ》二其《そノ》謀《はかりごとヲ》一也《なり》。

問 **傍線部「欲レ発二天下之大事一、未三嘗不二独寝一」について、なぜそのようにしたのかを説明せよ。**

〈東大〉


これもカンタンに解いてみせよう。

問題は「なぜ」と聞いているのだから、理由を示す「ればなり」に目をつければよい。すると結局は、最後の「恐ルレバ〜也《なり》」を直訳すればよいことになる。したがって正解は、「夢でうわごとを言って人にその計画を知らせることを恐れたからである」という直訳でよい。

もちろんキミたちは、このような完璧な解答をする必要はまったくない。キミたちは、「おさえるところはおさえているぞ」ということを見せればいいのだ。「レバナリ」が「理由」だとすぐにわかれば上出来、さらに、ここに含まれる「使《しム》三人《ヲシテ》知《ラ》二」が「使役」の句形であることに気づき、「人に〜を知らせる」と表現できればいうことなしだ。

もうわかってもらえただろうか。

句形や漢字をいくら一生懸命やっていても、結局差がつくのは、漢字以外の読みなのだ。もちろん、漢字を忘れては困るが、漢字の読みには誰だって慣れる。

そこで、漢字以外の読みについて、「いがいのよみ」を略して「**いがよみ**」と命名し、この「いがよみ」を中心に編集したのが本書である。その数は10。この10の「いがよみ」をしっかり覚えたら、あとの漢字は眺めるだけで慣れてしまう。

さらに、受験頻出の句形と漢字をすべて使用した漢文「考試之道」を用意した（P．187参照）。時間のない人はこの漢文（全部で583字）を暗唱するだけでも合格点は取れる。

「考試之道」を暗唱するもよし、すぐに始まる使役の「いがよみ」からスタートするもよし。いずれの道から歩き始めようと、私はキミの合格を約束する。

ユージン先生こと　不逐閤主人　田中雄二

※本書では、漢字もかなづかいも旧字・新字などをわざと混合している。それは、わかりやすさと旧字旧かなへの慣れやすさを狙ったため。

CONTENTS

田中先生のFAQ

早覚え速答法 I

10の“いがよみ”公式

漢字以外の読み、「いがいのよみ」、略して“いがよみ”。
漢文の学習は、句形や漢字を一生懸命暗記するより、
漢字以外の読みをおさえることが大切。
ここで紹介する10個をおさえれば、
漢文を制したも同然だ。

いがよみ

1 『使役』の公式

「ヲシテ」と読めれば使役はできる

さあ、いよいよ始まりだ。

恋愛はタブーの受験生に、最初から刺激的な例をあげて申し訳ないが、「恋人《こいびと》に接吻《きす》させよう」という文章を漢文にすると、こうなる。

使《し》ム二恋《こい》人《びと》ヲシテ接《き》吻《す》セ一　（恋人をして接吻《きす》せしむ）

このように、「**Aをして B（セ）しム**」というのが『**使役**』の句形だ。

ここで大事なことは、決して「使」を「使《し》む」と読むことでなく、**名詞に「ヲシテ」をつけること**だ。つまり、**漢字以外《いがい》のヨミ**（**いがよみ**という）の「ヲシテ」を忘れずに正確な場所につけなければならない。また、「せしム」と訓読するように、「接吻す」というサ変動詞の**未然形「せ」に「使《し》ム」がつく**こともしっかり覚えておこう。間違いやすいポイントだ。

『使役』では、「使」「令」「教」「俾」の４つの漢字に慣れればよい。

まとめ

「使《し》」「令《れい》」「教《きょう》」「俾《ひ》」（シレイキョウヒ！）→全部「しむ」と読む

使役の"いがよみ"公式

覚えること

使《し》ム二 A（名詞）ヲシテ B（動詞）（セ）一

［読み］ Aをして B（せ）しむ

［意味］ AにBさせる

ポイント

①Aは使（令・教・俾）のすぐ下

②「名詞」＋「ヲシテ」→いがよみをつける

③「未然形」＋「使《し》ム」

注意すること

①「未然形」がわかりにくいときは、動詞の漢字に現代語の「せる・させる」をつけて読むと未然形がわかり、訳の練習にもなって便利。

②「ず」に「しム」がつく場合は「ざらしム」。

③漢字かなまじりで書き下すときは、「しム」が助動詞なので「使《し》」はひらがな。

④文脈から『使役』の訓読を問うことはない。

それでは、「名詞＋ヲシテ」と「未然形＋しム」の公式を使って、早速、練習問題をやってみよう。最初に「使」の例だ。

練習問題

問　次の文の傍線部を書き下し文にせよ。

①　陛《へい》下《か》使二人攻レ城

②　使二人求レ之《これ》ヲ

③　使三民重レ死而不二遠《とほ》ク徙一

④　使三畫《ぐわ》工《こう》圖二其ノ形《かたち》ヲ一

⑤　使二騎馬渡レ河

⑥　秦王使三侍臣求二不死之藥一

⑦　魯《ろ》欲レ使二樂《がく》正《せい》子《し》爲《な》レ政《まつりごと》ヲ

○攻…攻《せ》ム

○重《はばか》ル…こわがる　○徙《うつ》ル…移る

○畫工…絵描き　○圖《えが》ク…描く

○河…黄河

○侍臣…近臣

○魯…国名　○樂正子…人名

○爲政…政務をとる

〔解き方〕①「使」のすぐ下の**「人」**が名詞だから、これに**「ヲシテ」**をつけて「人をして」となる。次に、動詞は「攻（ム）」。未然形がわからないときは、「攻めさせる」という使役形の現代語訳から未然形「攻め」をみつければいい。あるいは**「ず」**をつけて「攻め**ず**」という形からも未然形「攻め」がわかる。これに「使《し》ム」がついて「攻めしむ」となる。

答 **人をして城を攻めしむ** 〈現代語訳〉皇帝陛下は部下に城を攻めさせた

②前問と同様、「使」のすぐ下の「人」が名詞だから「人をして」となる。「求レ之《これ》ヲ」は「之を求む」で、『使役』の形にして現代語訳すると、「これを求めさせる」だから未然形は「求め」。したがってこれに「使《し》ム」をつけて「之を求めしむ」となる。

答 **人をして之《これ》を求めしむ** 〈現代語訳〉これを人に探し求めさせた

③もうわかってくれていると思うが、「使」の下の名詞は「民」であるから「民をして」となる。次に「徙《うつ》る＋不《ず》＋使《し》む」の読みが問題になる。「しむ」は未然形接続であり、「ず」の未然形は「ざら」。したがって「ざらしむ」となる。「不《ず》＋使む」は「ざらしむ」だと覚えておくといいだろう。

答 **民をして死を重《はばか》り遠く徙《うつ》らざらしむ** 〈現代語訳〉人民に死をこわがらせ遠くへ移らせない

④「使」の下の名詞は「畫工《ぐわこう》」。したがって「畫工をして」となる。もう自動的にわかるようになっていなければならない。次は「圖ニ其ノ形ヲ」だが、動詞は、「圖《えが》く」で、未然形は「圖か」。未然形がわからないときは現代語の「せる、させる」をつけて「その形を圖かせる」として「圖か」をみつける。

答 **畫工をして其の形を圖かしむ** 〈現代語訳〉絵描きにその容貌を描かせた

⑤「使」の下の名詞は「騎馬《きば》」であるから「騎馬をして」となる。次に動詞「渡る」の未然形は「渡ら」。わからなければ「せる」をつけて現代語訳した「河を渡らせる」から、「渡ら」をみつけ、「河を渡らしむ」となる。

答 **騎馬をして河を渡らしむ** 〈現代語訳〉騎馬に黄河を渡らせた（ただし、馬で黄河を渡るのはとても危険だ！）

⑥「使」の下の名詞は「侍臣《じしん》」であるから「侍臣をして」となる。次に、動詞「求む」を含む「使三…求二不死之藥一」は、「せる」をつけて現代語訳してみると「不死の薬を求めさせる」になるから、未然形は「求め」。したがって「求めしむ」。あるいは「ず」をつけて「求めず」から「求め」という未然形を導いてもいい。

答 **秦王侍臣をして不死の薬を求めしむ** 〈現代語訳〉秦王は近臣に不死の薬を探し求めさせた

⑦名詞は「使」の下の「樂正子」であるから、「樂正子をして」となる。「爲《な》す」という動詞の未然形は「爲さず」の「爲さ」であるから、「爲さしむ」となる。わからなければ「使二…爲レ政」の現代語訳「政を爲《な》させる」からみつけてもいい。そして、「欲す」は「〜んと欲す」という言い方をする重要漢字であり（↓P.158）、ここでは「爲さしめんと欲す」と読む。

答 **魯樂正子《ろがくせいし》をして政《まつりごと》を爲《な》さしめんと欲す** 〈現代語訳〉魯国は楽正子に政務をとらせようとした

*

「名詞＋ヲシテ」と「未然形＋しム」を使って、漢字「使」の練習問題をやってもらったが、「使」以外の使役で使われる漢字「令」「教」「俾」の練習問題もやってみよう。やり方は「使」と同じだ。

練習問題

問　次の文を書き下し文にせよ。

① 令二薛《せつ》ノ民親レ君《きみ》
○薛…地名　○民…人民、人々

② 吾《われ》令三人ムヲシテ望二其ノ氣一ヲ
○望《のぞ》ム…観察する　○氣《き》…雲気《うんき》

③ 令四諸君知三天ノ亡《ほろぼ》レスハ我《われ》ヲ非《あら》二ザルヲ戰《たたかひ》之《の》罪一ニ也

④ 不レ教三胡《こ》馬《ば》度二陰《いん》山《ざん》一
○胡馬…異民族の馬　○度《わた》ル…「渡」と同じ。越す

⑤ 俾二予《よ》從レヒテ欲以《もっ》テ治一
○予《よ》…私

〔解き方〕①まず「令」のすぐ下の「薛《せつ》の民」が名詞だから、「薛の民をして」となる。次に、「親しむ」の未然形は「親しまず」から「親しま」。あるいは、現代語で考えると「君に親しませる」となるから、「親しま」に「しむ」をつけて「親しましむ」となる。

答 **薛の民をして君に親しましむ** 〈現代語訳〉薛の人に君主に親しませた（薛の人に君主に対する親近感をもたせた）

②名詞は「令」の下の「人」。したがって、「人をして」。「望む」の未然形は「ず」をつけて「望まず」だから「望ま」。あるいは、「其の氣を望む」に「せる」をつけて現代文の使役形にすると「其の氣を望ませる」となるから「望む＋しむ」は「望ましむ」となる。

答 **吾人をして其の氣を望ましむ** 〈現代語訳〉私は人に雲気（雲の様子）を観察させた

③少し長い漢文になると頭がクラクラしてくるかもしれないが、頭をかかえこんだり、投げだしたりすることはない。どこが「名詞」でどこに「ヲシテ」をつければいいか迷ったら、即、次のことを思い出そうよ。

まとめ

『使役』を表す「使」や「令」のすぐ下の名詞に「ヲシテ」をつける

これを使うと「ヲシテ」をつける名詞は、「令」のすぐ下にある「諸君」だ。したがって、この漢文の場合は「諸君をして」。あとは返り点にしたがって読めばいい。「知る＋しむ」は、使役形の現代語訳「知らせる」から未然形が「知ら」になるので「知らしむ」となる。最後の「也（なり）」

は連体形接続だから、「しむ」の連体形「しむる」を使って仕上げる。

答 **諸君《しょくん》をして天《てん》の我《われ》を亡《ほろぼ》すは戦《たたかひ》の罪《つみ》に非《あら》ざるを知《し》らしむるなり** 〈現代語訳〉天が私を滅ぼすのは戦いの罪ではないことを諸君に知らせるのだ

④『使役』を表す漢字は「教」。したがって「教」のすぐ下の「胡馬」が名詞で、「ヲシテ」をつけて「胡馬をして」。動詞「度る」の未然形は「度ら」。わからなければ「ず」をつけて「度らず」とするか、「度らせる」と現代語読みしてみる。これで未然形「度ら」に「しむ」をつけて「度らしむ」となる。さらに、最後に「不（ず）」がついているから「度らしめず」となる。

答 **胡馬《こば》をして陰山《いんざん》を度《わた》らしめず** 〈現代語訳〉異民族の馬に陰山を越させない

⑤『使役』を表す漢字は「俾」。したがって「俾」の下の「予」に「ヲシテ」をつけて「予をして」。動詞「治む」の未然形は「させる」をつけると「治めさせる」だから「治め」。これに「しむ」をつけて「治めしむ」。

答 **予をして欲に従ひて以て治めしむ** 〈現代語訳〉私に欲望によって政治をさせた

もう一度くり返すが、**「使《し》・令《れい》・教《きょう》・俾《ひ》」は皆『使役』。「名詞＋ヲシテ」**と**「未然形＋しム」**がポイント。

『使役』は「AをしてBしむ」で表されるが、『使役』にはたった一つの例外「AをしてCたらしむ」がある。例外といっても、一文しかないので、文章ごと覚えてしまっておこう。

「使役」の例外

使《しム》二A《ヲシテ》C《タラ》一　**（AをしてCたらしむ＝AをCとする）**

＝

天帝使《ム》三我《ヲシテ》王《タラ》二百獣《ニ》一　**（天帝我をして百獣に王たらしむ＝天帝が私を百獣の王とした）**

本来、この「王」は名詞というよりは動詞なのだが、日本語では「王」という名詞を動詞化することができなかったため、苦肉の策として「たり」という漢文専用の断定の助動詞をつけて「〜たらしむ」と読ませたのである。しかし、難しいことは考えないで、この一文だけを暗記しておけばよい。というのは、入試で出題されるものは、この文章しかないからだ。参考までに、この文は『戦国策』の一節で、有名なことわざ「虎の威を借る狐」が出た文章でもある。

では、練習問題と例外の解説が終わったところで、仕上げに実際の入試問題をやってみよう。

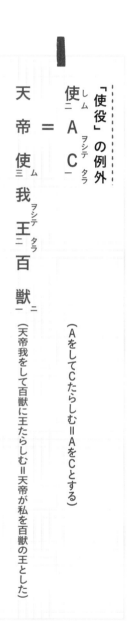

入試問題

問 **次の文の「使子路問之」を漢字かなまじりで書き下せ。**

孔子過グ二泰山ノ側《かたはら》ヲ一。有リテ下婦人ノ哭スル二於墓ニ一者上而哀シゲナリ。夫《ふう》子シ式シテ而聴キレ之ヲ、使子路問レ之曰ク、「子之哭スル也、壹《いつ》ニ似タリ二重ネテ有ル レ憂ヒ者ニ一。」

○泰山《たいざん》…山東省にある山の名で、中国五嶽《がく》のひとつ　○哭…人が死んだ時の泣き方　○夫子…孔子

〈長崎大〉

〔解き方〕まず、「子路」は人名であるから「子路をして」となる。次に動詞「問う」＋「しむ」の処理であるが、現代語の「せる、させる」を活用して「問わせる→問はしむ」という方法で片づけてもよい。しかし、「子路をして之に問はしむ」ではまだ完全な解答ではない。「曰く」に続くために、「之に問はしめて（曰く）」となるのが正解。このあたりの微調整は、「（この女に）質問させて言った」というように現代語訳から逆に訓読するほうがわかりやすい。

なお、次にこれを**漢字かなまじりで書き下した場合**、「しむ」の『使役』をそのまま漢字で書く誤りが多いが、**「しむ」は助動詞であるため、ひらがなにしなければならない。**したがって、正解は次のとおりだ。

答 **子路をして之《これ》に問《と》はしめて** 〈現代語訳〉子路に（子路を通じて）彼女に質問させて

入試問題

問 **次の文章を読んで傍線部「使人問哭者」の訓読として最も適当なもの一つを後ろより選び、番号で答えよ。**（設問の都合で、返り点・送りがなを省略したところがある）

…孔子使人問哭者、果シテ曰ク、「父死スルモ、家貧シク、賣《う》リテレ子ヲ以テ葬《はうむ》ラントシ、與レ之《これ》長ク決《わか》レントスト。」

○賣＝売　○與＝与

1 人の問ひを使ひて哭する者あらしむれば、
2 人の問ひて哭する者を使はしむれば、
3 人をして問ひて哭する者を使はせば、
4 人をして哭する者の問ひを使へば、
5 人をして哭する者に問はしむれば、

〈立教大・文〉

〔解き方〕「使」という漢字があるから『使役』の句形。「使」の下の名詞「人」に「ヲシテ」をつけ、「使」を「しむ」と読んでいる選択肢を探すと、5しかない。カンタンすぎるがしかたがない。

答 5

いがよみ

2 『受身』の公式

「る」「らる」、活用しっかり受身形

受験生にとっては、またしても意地の悪い例文になってしまうが、「(彼女に)ふられた」という『受身』表現の日本語を漢文に直すとどうなるだろう。

これには次の3通りの方法がある。

① 見《る》レ振《ふ》ラ

② 爲《な》ル二彼女ノ所トレ振《ふ》ル

③ 振《ふ》ラル二於彼女ニ一

このうち③は「『於《おいテ》』があったら『受身』と『比較』」(P.50参照)で問題をやればすぐに身につくし、②はことわざで簡単に覚えられるから、①のパターンだけをしっかりやればよい。

『受身』は「ヒイケン」という呪文で慣れてしまおう。**「ヒイケン」**＝**「被《ひ》・爲《い》・見《けん》」**だ。

まとめ

受身は「ヒイケン」→被・爲・見

受身の“いがよみ”公式

覚えること

(古典文法のうち漢文訓読に関係あるもののみ抜き出した)

「る・らる」の接続

①四段動詞未然形＋る
②サ変・下二段動詞未然形＋らる

(「ない」をつけて「アー」と伸びれば四段動詞。例 打たアーない)

例 **はなた＋る→はなたる**

例 **戮《りく》せ＋らる→戮《りく》せらる**

る・らるの活用

活用形	「る・らる」	「る・らる」に続く語
未然	れ	ず
連用	れ	、
終止	る	。
連体	るる	体言
已然	るれ	：
命令	れよ	

漢文訓読では傍線部のみ。

活用・接続を知るラクな方法

「れる」で読み、「れ」を抜く→

例 追われる→追われる→追わる

慣れること

被《ヒ》る
爲《イ》る
見《ケン》る
(ヒイケン！)

例
被《る》レ撃《うタ》…撃たれる
爲《る》レ逐《おハ》…追われる
見《る》レ憎《にくマ》…憎まれる

つまり、「被《ひ》・爲《い》・見《けん》」の3つの漢字のどれかがあるとき、それを**古文の受身「る・らる」**で読めば、受身はそれでオシマイというわけだ。

ただし、「ヒイケン、被《ひ》・爲《い》・見《けん》」と呪文を唱えれば漢字にはすぐに慣れるが、絶対に覚えなければならないのは、むしろ「る・らる」の活用と接続だ。したがって、それを繰り返し練習していくことにする。

「る・らる」の接続のところで、「爲ㇾ戮《りく》」について、「戮せる」という誤りが多いが、正解は「戮せ」というサ変動詞の未然形に「らる」がついた「戮せらる」なのである。漢文訓読に現れる動詞のほとんどは四段動詞かサ変動詞であるから、**「四段動詞→る」「サ変動詞→らる」**というパターンは絶対に忘れてはならない。また、「見ㇾ放時《とき》」についても、「放《はな》たるる時」と訓読できないで、「放たる時」とする誤りが目につく。「時《とき》」は体言（名詞）だから、「る」は連体形の「るる」にしなければならない。「る」と読む者は不合格、「るる」と読めれば入試に合格だ。「見《る》」という漢字などは誰でも読めるのだから、結局ここでも漢字以外の読み（いがよみ）が勝負を決定するのだ。

それでは、「る・らる」の活用と接続に注意しながら『受身』の例題を一問やってみよう。

例題

問　傍線部「被ㇾ召」の読み方をすべてひらがな（現代かなづかい）で記せ。

李白字《あざな》ハ太白。天寶ノ初メ、南ノカタ入《い》リ二會《くわい》稽《けい》ニ一、與《と》二呉《ご》筠《ゐん》一善《よ》シ。
筠被レ召。故ニ白モ亦《ま》タ至ル二長安ニ一。

〈国学院大・文〉

○天寶…西暦742〜755年　○與＝与

〔解き方〕傍線部は「被」であるから、「る」または「らる」と読む。次に「召」は四段動詞かサ変動詞かが問題になる。そこで、公式で示したように「ない」をつけてみると「召さァ――ない」となって、四段動詞であることがわかる。したがって、「被」は「る」。「召す」の未然形「召さ」に「る」をつけて、答えは「召さる（めさる）」になる。

答　めさる

ここで、「る・らる」が未然形につくことがわからない人は、ラクな方法を使おう。まず、「召す」に現代語の受身形「れる・られる」をつけてみる。すると、「召される」になる。次にここから「れ」を取り除けば「召さる」となって、カンタンにできあがりというわけだ。

もう一度繰り返すが『受身』の読みの「被・為・見」自体は、あまりにカンタンすぎてまったく差がつかない。ところが、『受身』を教えていて気がつくのだが、「る」または「らる」で終わらない**終止形以外の場合に生徒諸君はよく間違える**のだ。したがって、『受身』に関しては「る・らる」の接続・活用公式をしっかり確認して問題を解こう。しかも、未然形・連用形・終止形・連体形以外の活用は漢文訓読に関係がないので、漢文に関係ある活用の見分け方の覚え方を教えておこう。

活用を見分けるキャッチフレーズ

「ず」があったら未然形。「、《てん》」があったら連用形。「。《まる》」があったらもちろん終止形。体言だったら「るる・らるる」。

「ヒイケン（被《ひ》・爲《い》・見《けん》）」同様、リズミカルに覚えてしまっておくと便利だ。それでは、これまでの知識を使って練習問題をやってみよう。

練習問題

問　傍線部を書き下し文にせよ。（返り点は一部省略）

① 厚キ者ハ爲レ戮、薄キ者ハ見レ疑。

○戮《りく》ス…死刑に処す

② 吾嘗《かつテ》三タビ仕ヘ、三タビ見レ逐二於君一。

○三タビ…何度も　○逐フ…追放する　○君…君主

③ 百姓ハ不《ず》見保。

○百姓《ひゃくせい》…人民　○保《やす》ンズ…保護する

④ 臣《しん》トスルト㆑人《ひと》ヲ與《と》㆑見㆑臣㆓於人《ひと》ニ㆒、制《せい》スルト㆑人《ひと》ヲ與《と》ハ㆑見㆑制㆓於人《ひと》ニ㆒、豈《あに》可《べ》ケン㆓同《おな》ジウシテ㆑日《ひ》ヲ道《い》フ㆒哉《や》。

○臣トス…臣下とする　○與＝与　○制ス…支配する

〔解き方〕①「戮す」は、語幹の名詞「戮」＋サ変動詞「す」。「ない」をつけても「戮《りく》サァ——ない」とはならないからサ変動詞。したがって「爲」は「らる」。「爲㆑戮、」と読点があるから連用形で「らる」は「られ」。一方、「疑ふ」は、「ない」をつけると「うたがワァ——ない」となるので四段動詞。したがって「見」は「る」。しかも終止形だから、そのまま「る」。「る・らる」は助動詞だから、書き下しのときは、ひらがなにする。

（注意）漢字＋「す」でも四段とサ変がある。　○召す…四段　○戮す…サ変

答 **戮せられ／疑はる**　〈現代語訳〉厚い（関係の深かった）者は死刑に処せ**られ**、薄い（あまり関係しなかった）者は疑わ**れ**た

②動詞「逐ふ」は、「ない」をつけると「おワァ——ない」となって、四段動詞だから「見」は「る」と読み、「～君ニ㆒。」と句点があるから終止形でそのまま「る」。「於」は置き字で読まない。

（P.70参照）

答 **君に逐はる** 〈現代語訳〉私はかつて何度も仕えたが、そのたびに、君主に追放**され**た

③「保んず」は、「やすんザァ――ない」とはならずサ変動詞であるから「見」は「らる」。さらに「不《ず》」があるから未然形の「られ（ず）」となる。

答 **保んぜられず** 〈現代語訳〉人民は保護**され**ない

④「臣」は「臣とす」と読む（P.103参照）サ変動詞で、未然形は「臣とせ」。また、「見」は「らる」と読むので訓読は「臣とせらる」となる。さらに、「人を臣とすると」を参考にすると「と」の上は連体形であることがわかるから、「臣とせらるると」のように連体形にする。

一方、「制」は「制す」というサ変動詞であるから、「見」は「らる」となって「制せらる」となり、次に「と」があるから連体形の「制せらるる」となる。

答 **人に臣とせらるると／人に制せらるるとは** 〈現代語訳〉人を臣下として使うことと、人に臣下として使わ**れる**こと、（あるいは）人を支配するのと、人に支配さ**れる**のとでは、どうして同じように考えることができようか、いやできはしない

「る・らる」の使い方には慣れただろうか。それでは実際の大学入試問題をやってみよう。「爲」の読みと『受身』の訳「れる・られる」を問う問題だ。

入試問題

次の文章を読んで、後の問いに答えよ。

東晋ノ太興中、呉《ご》ノ民華隆《くわりゅう》、養二フ一《いち》快犬一ヲ、号《なづ》二ケ的尾《てきび》一ト、常ニ將《ひき》ヰルニ自ラ随フ。隆後《のち》ニ至二リ江辺一ニ伐《き》レル荻《をぎ》ヲ。爲大蛇囲繞周身。

○太興…東晋王朝の年号。西暦318年〜321年　呉…今の江蘇《こうそ》省一帯の地方　○民…平民　○將＝将　○爲＝為

問 傍線部を〈A〉訓読し、〈B〉現代語訳をしたい。次の〈A〉〈B〉の中からそれぞれ正しいものを選んで組み合わせるとしたら、ア〜クのどの組み合わせが最も正しいか。一つを選んで、記号をマークせよ。

〈A〉訓読
(a) 大蛇の爲《ため》に囲繞《ゐねう》し周身《しうしん》す。
(b) 大蛇に囲繞《ゐねう》・周身《しうしん》せ爲《ら》る。
(c) 大蛇の爲《ため》に囲《かこ》み繞《めぐ》られて周身《しうしん》す。
(d) 大蛇を囲繞《ゐねう》して身《み》を周《めぐ》らるる爲《ため》なり。

〈B〉現代語訳
(1) 大蛇のためにあたりをまわって身をころげた。
(2) 大蛇をとりかこんでいたところ、体にまきつかれたためである。
(3) 大蛇にまきつかれ、体をぐるぐるまきにされてしまった。
(4) 大蛇のせいで、あたりをころげまわったのであった。

ア―(a)と(1)　イ―(b)と(4)　ウ―(c)と(3)　エ―(d)と(2)
オ―(a)と(4)　カ―(b)と(3)　キ―(c)と(1)　ク―(d)と(4)

〈法政大・法〉

〔解き方〕「爲」は「ため」と読む可能性もあるが、〝出る所が決まっている受験〟では、迷わず「爲」を『受身』と考える。すると、訓読では「爲《ら》る」と読む(b)が正解となる。

次に、「れる・られる」という『受身』の訳を含んだ選択肢は(2)と(3)だ。これは次のように考えていく。

囲繞・周身せ**らる**

← 囲繞・周身さ**れる**

← 囲繞さ**れ**　周身さ**れる**

← まきつか**れ**　体をぐるぐるまきにさ**れる**

したがって、現代語訳の正解は(3)だ。

答　カ

以上で『受身』の基本は終わりだが、いちばん最初にあげた例文の②のパターン、「爲《なル》二A所《ノところト》レB《スル》」（AのBする所と為《な》る＝AにBされる）をカンタンにやっておこう。本当にカンタンだからビビる必要はない。

まず、このパターンを覚えるために、「先制攻撃」や「先制パンチ」などの表現に使われる「先制」という熟語の語源を覚えてもらいたい。この言葉は、中国最初の統一帝国である秦が滅びようとする時、次の支配者をめざして発せられた言葉である。

先《さきンズレバ》 即《すなはチ》 制《せいシ》レ 人《ひとヲ》、後《おくルレバ》 即《チ》 爲《なル》二 人《ノ》 所《ところト》レ 制《せいスル》

〈読み〉先《さき》んずれば即ち人を制し、後《おく》るれば即ち人の制する所となる

〈意味〉先に（攻撃）すれば人を制圧し、後れてしまうと人に制圧**される**

爲《なル》二 A《ノ》 所《ト》レ B《スル》

AのBする所と爲る＝AにB**される**（「所」は名詞なので「Bする」は連体形）

←

爲《ル》二 人《ノ》 所《ト》レ 制《スル》

人の制する所と爲る＝人に制圧**される**

これに限らず何事も早め早めの先制パンチが諸君を救う。たとえば、勉強開始時期が早ければ入試を制し、遅れれば遅れるほどそこには不合格という悲劇が待ちうけている。

「先《さきンズレバ》 即《チ》 制《スル》二〝入試《ヲ》〟一」なのだ！

では、このパターンを例題によって確認してみよう。

例題

次の文章を読んで、後の問いに答えよ。

余《よ》少《わかキ》時《とき》、嘗《かつテ》夢《ゆめミテ》至《いたル》二人《じん》家《かニ》一。其《そノ》書《しょ》室《しつハ》爲叢竹所蔽、殊《ことニ》不《ず》二開《かい》爽《さうナラ》一。

問 傍線部に返り点と送りがなをつけるならば、次のア〜オのどれが最も正確か。一つを選べ。

(ア) 爲《つくリテ》二叢《そう》竹《ちくヲ》一所《トシ》レ蔽《おほフ》

(イ) 爲《ためニ》叢《そう》竹《ちくノ》所《ニ》蔽《おほヒ》

(ウ) 爲《なス》二叢《そう》竹《ちくノ》一所蔽《おほヒ》

(エ) 爲《なリ》二叢《そう》竹《ちくノ》所《ト》一レ蔽《おほフ》

(オ) 爲《ためニ》二叢《そう》竹《ちくノ》所《ノ》一レ蔽《おほフ》

〔解き方〕「AのBする所と爲《な》る」と唱えながら選択肢をみると、一発で(エ)が正解とわかる。「〜となる」と読んでいるのは(エ)だけなのだ。これでもまだ慣れない人は「人の制する所と爲る」を3回繰り返して音読!!

答 エ

それでもまだ不安が残る人も、次の練習問題をこなせばバッチリだ。

練習問題

問 傍線部を書き下し文にせよ。

① 張《ちゃう》儀《ぎ》ハ嘗《かつ》テ遊ビレ楚《そ》ニ、爲二楚《そ》相《しゃう》所一レ辱《はづかし》。

○張儀…人名。戦国時代の国家経営コンサルタント　○楚…国名。南方の大国
○遊ブ…ここでは「講演旅行する」の意　○辱ム…侮辱する

② 弱《じゃっ》冠《くわん》ニシテ而爲先《せん》輩《ぱい》名《めい》士《し》所敬服。

○弱冠…若いこと　○敬服ス…尊敬する

③ 若《なんぢ》ガ卒《そつ》皆《みな》且《まさ》ニレ爲敵《てき》軍《ぐん》所虜《りょ》。

○若…お前　○卒…兵士　○且《まさ》ニ《す》二〜ント一…再読文字。ちょうど〜するところだ（P.159参照）　○虜《りょ》トス…捕虜にする

〔解き方〕① 「AのBする所と爲る」であるから、「楚相の辱むる所と爲る」である。なお、「所」は体言（名詞）であるから「はづかしむ」という下二段動詞は「はづかしむる」という連体形にしなくてはならない。

答 **楚相の辱むる所と爲る**　〈現代語訳〉張儀はかつて楚に講演旅行に出かけ、楚の大臣に侮辱**された**

②「AのBする所と爲る」のAにあたる部分は「先輩名士」。Bにあたる「敬服す」は連体形「敬服する」になる。

答 **先輩名士の敬服する所と爲る**　〈現代語訳〉若くして先輩や名士たちに尊敬**された**

③「AのBする所と爲る」のAにあたる部分は「敵軍」、Bにあたる部分は「虜とす」だから連体形にして「虜とする」。これでまず「敵軍の虜とする所と爲る」という基本形ができる。さらに「且に」が再読文字であるから、「且に〜んとす」というパターンにあてはめると、「爲る」は「爲らんとす」に変化する。

答 **且に敵軍の虜とする所と爲らんとす**　〈現代語訳〉お前の兵士たちはちょうど捕虜に**される**ところだ

なお、前後の文脈から判断して『受身』に読むパターンを解説する参考書があるが、そのような本は受験向きではない。なぜなら文脈から判断して『受身』に訓読する問題が試験に出たことはないからである。

それでは最後に『受身』のまとめとして次の入試問題にチャレンジしてみよう。『受身』の現代語訳「れる・られる」を問う問題だ。

入試問題

次の文章を読んで後の問いに答えよ。

白自《みづか》ラ知《し》リ㆑不ルヲ㆑爲《な》ラ㆓親《しん》近《きん》ノ所ト㆑容《い》ルル、益〻《ますます》驁《がう》放《はう》ニシテ不㆓自《みづか》ラ脩《をさ》メ㆒。

○白…李白

問 傍線部はどういう意味か。次のア～オの中から最もふさわしいものを一つ選びなさい。

ア　李白は、帝の側近に悪く思われていることに気づいた。
イ　李白は、自分が帝の側近を容認していないことに気づいた。
ウ　李白は、周囲の人々に自分から溶けこもうとしていないことに気づいた。
エ　李白は、自然と親しい友人たちが遠のいてゆくのに気づいた。
オ　李白は、身内の者のために何もしてやっていないことに気づいた。

〈国学院大・文〉

〔**解き方**〕傍線部は「AのBする所と爲る」という『受身』であるから、選択肢の中で『受身』の訳を選べばよい。ここで『受身』を含むのは「思われている」の「れ（「れる」の連用形）」が入っているアしかない。

答 **ア**　〈読み〉白自ら親近の容るる所と爲らざるを知り

田中先生の

FAQ

Q 漢字かなまじりの書き下し文はどうするか？

A 「使む」の場合は「しむ」に注意。

入試の主流は「すべてひらがなで書き下せ」という設問なので、要するに読めればよいのだが、書き下しの原則をイチオウ教えておく。

用言の活用語尾、助詞、助動詞以外は漢字のママだ。

私がイチオウと言ったのは、そもそも書き下しの原則自体があやふやであり、書き下し文を漢字かなまじりで書かせることが漢文教育上間違っているからなのだ。したがって、ほとんどの大学は「漢字かなまじり」で書き下しをさせることはないが、愚昧《ぐまい》なるO女子大のように、一部の大学が「漢字かなまじりで書き下せ」という要求をする。

この場合引っかかりやすいのが、使役の「使」を含む文である。「しむ」は『使役』の助動詞であるので、原則にしたがってひらがなにしなければならない。古文ではほとんどお目にかからないので、案外間違いやすい。問題で確認しておこう。

問　次の文を漢字かなまじりで書き下せ。

使《し》ム二 子 路ヲシテ 問ハレ 之《これ》ニ （子路…人名　之…これ）

うっかりして「子路をして之に問は使む」とすると、「使《し》む」がバツ。**「しむ」**は**『使役』**の**助動詞**だから、ひらがなにする必要がある。

なぜ、『使役』のパターンのときに「漢字かなまじり」の書き下しをさせるのか。これで理由がわかっただろう。つまり、キミたちをヒッカケて「使む」という解答をさせ、採点官がバツをつけてサディスティックな快感を味わうためなのだ。

なお、「漢字かなまじり」の要求は、不思議と女子大に多い。その理由は、キミたちにはちょっと言えない。ゴメンネ。

いがよみ

3 『比較』の公式

――「シカズ」と読めるに「シクハナシ」

大学に入って中国語を勉強するときに最初に習ったのが、日本でもおなじみのことわざ「百聞《ひゃくぶん》は一見《いっけん》に如《し》かず」（他人から百回聞くことは、自分で一回見ることに及ばない→自分の目で見たほうがよい）であった。それを、18歳の私は、きれいな北京語で「百聞不如一見《パイウエンプールーイーチエン》」と発音練習したものである。

ところで、「不如」は**『比較』**の句形の中心であり、ただ、**「不《ず》レ如《しカ》」を「しかず」と読めればよい。**まずはこの「百聞は一見に不《ず》レ如《しカ》」でしっかり練習しておけば、『比較』は90パーセントおしまいである。

なお、『比較』の句形には、「不《ず》レ如《しカ》」とまったく同じ「不《ず》レ若《しカ》」と、「不《ず》レ如《しカ》」とほぼ同じ働きをする「莫《なシ》レ如《しクハ》」「莫《なシ》レ若《しクハ》」があるが、「莫若《ばくじゃく》」を「しくはなし」と読めればそれで9パーセントが終わり、あとの1パーセントで現代語訳を覚えてくれ。

このように覚えることはわずかだから〝雀の涙・猫の額《ひたい》・時代遅れのパソコン〟ほどの記憶容量でも十分に覚えられるだろう。

比較の"いがよみ"公式①

覚えること

Aハ不《ず》レ如《し》カBニ ＝ Aハ不《ず》レ若《し》カBニ

［読み］**Aは Bに如《し》かず**
［直訳］AはBに及ばない
［意訳］AよりB**のほうがよい**

Aハ莫《な》シレ若《し》クハBニ ＝ Aハ莫《な》シレ如《し》クハBニ

［読み］**Aは Bに若《し》くは莫《な》し**
［直訳］Aの場合はBに及ばない
［意訳］AにはB**が一番よい**

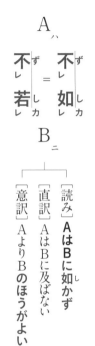

それではまず「不《ず》レ如《しカ》」に慣れるため、例題を一題やっておこう。

例題

問 傍線部を漢字かなまじりで書き下し、現代語訳せよ。

子思曰ハク、「仍聞クレ之《これ》ヲ、妄《みだ》リニ與フルハ不レ如三遺二棄物ヲ於溝《こう》壑《がく》ニ一、仍雖モレ貧ナリト、不レ忍ビ三以テレ身ヲ爲スニ二溝壑一、是ヲ以テ不ト二敢テ受ケ一。」

○子思…人名　○仍《きゅう》…子思の字《あざな》　○妄《みだ》リ…むやみ　○與＝与　○溝壑…ドブ

〈創価大〉

〔解き方〕「AはBに如かず」の典型的なパターンだ。Aにあたるものは「妄與」、Bにあたるのは「遺二棄物於溝壑一」だ。

まず読みは、「**不レ如**」が読めると同時に「～にしかず」の「に」を忘れないように。

次に「AはBに如かず」は「Aより**Bのほうがよい**」であるから、それに当てはめれば訳はできる。

答 〈書き下し文〉**妄《みだ》りに與《あた》ふるは物《もの》を溝壑《こうがく》に遺棄《ゐき》するに如かず** 〈現代語訳〉**むやみに与えるなら、物をドブに捨てたほうがよい**

なお、「遺棄」は熟語として読む。「遺-棄」のような熟語を示す記号「-」は入試ではつけないのが通例。

では、実際の問題の中で「不㆑如」「不㆑若」「莫㆑若」「莫㆑如」が自在に使いこなせるように、練習問題をやってみよう。

練習問題

問　傍線部を書き下し文にし、現代語訳せよ。（送りがなは一部省略）

①　興《おこスハ》㆓一《いち》利《りヲ》㆒不㆑若㆑除《のぞク》㆓一《いち》害《がいヲ》㆒。

②　其《そレ》可《ナルモ》、未《いまダ》《ず》㆑如㆓富《とミテ》而好《このム》㆑禮《れいヲ》者《もの》㆒。

③　利《りスルハ》㆑國《くにヲ》莫㆑若㆑利《りスル》㆓百《ひゃく》姓《せいヲ》㆒。

○百姓…人民

④　救《すくフハ》㆑火《ヲ》、無㆑若㆑水。

○救火…火を消す

⑤　終《しゅう》身《しん》之《の》計《けいハ》、莫㆑如㆑樹《うウルニ》㆑人《ひとヲ》。

⑥　衣《いハ》莫㆑若㆑新《あたらシキニ》、人《ひとハ》莫㆑若㆑故《ふるキニ》。

○故…古いなじみ

〔解き方〕①比較を表すのは**「不レ若」**で、読みは「不《ず》レ如《シカ》」と同様**「しかず」**。そして、「〜にしかず」の「に」を忘れないように。また、「AはBに若かず」のAにあたるのは「興一利」、Bは「除一害」。一方、「不レ若」の訳は「〜に及ばない、〜のほうがよい」とする。

答〈書き下し文〉**一利《いちり》を興《おこ》すは一害《いちがい》を除《のぞ》くに若かず**　〈現代語訳〉**一つの利益ある事業を始めるよりは、一つの害悪を除いたほうがよい**

②少しびっくりするかもしれないが、「未」は「いまだ〜ず」であるから「不」とほぼ同じ。したがって「未如」は「不如」と同じだと考えればいい。「AはBに如かず」のAにあたる部分は省略され「未如」以下がBにあたる。読みは「いまだ〜にしかず」、訳は「〜にまだ及ばない」。

答〈書き下し文〉**未《いま》だ富《と》みて禮を好《この》む者に如《し》かず**　〈現代語訳〉（それもよいが、）**裕福でしかも礼を好む人物にはまだ及ばない**

③**「莫《なシ》レ若《しクハ》レ〜《ニ》」**のパターンだ。読みは「〜に若《し》くは莫《な》し」、訳は「…（の場合）には、〜の方が一番よい」を使う。

答〈書き下し文〉**百姓《ひゃくせい》を利《り》するに若《し》くは莫《な》し**　〈現代語訳〉（国家を豊かにするには）**人民を豊かにするのが一番よい**

④**「無《なシ》レ若《しクハ》　」**は**「莫《なシ》レ若《しクハ》　」**と同じ。読みは「若《し》くは無《な》し」で、訳は「…（の場合）には、〜の方が一番よい」を使う。

答〈書き下し文〉**水《みづ》に若《し》くは無《な》し**　〈現代語訳〉（火を消すには、）**水が一番よい**

⑤「莫《なシ》レ如《しクハ》　」は「莫《なシ》レ若《しクハ》　」と同じ。読み、訳も練習問題③、④と同様だ。

答 〈書き下し文〉**人《ひと》を樹《う》うるに如《し》くは莫《な》し** 〈現代語訳〉（一生の計画としては）**人を育てるのが一番よい**

⑥説明するまでもなく、「Aハ莫レ若レBニ」の典型的なパターン。これがたちどころにできないようでは、これまで練習問題をやってきたかいがない。

答 〈書き下し文〉**衣《い》は新《あたら》しきに若《し》くは莫《な》く、人《ひと》は故《ふる》きに若《し》くは莫《な》し** 〈現代語訳〉**衣服は新しいものが一番よく、人は古いなじみが一番よい**

例題、練習問題を通じて、もう「しかず」「しくはなし」の読みにはしっかり慣れてくれたものと思う。それでは、仕上げに実際の入試問題をやってみよう。「不レ如」の読みを問う問題だ。

入試問題

問 **傍線部を返り点にしたがってひらがなのみで書き下せ。**

子《し》曰《ク》、「十室之邑、必《ズ》有《ラン》二忠信如《ごとキ》レ丘《ノ》者一焉。不レ如二丘之好一レ學也。」

○子…ここでは「孔子」の意　○丘《きゅう》…孔子の名前

〈南山大・文〉

〔解き方〕単に、読め、ということであるから、**「不レ如」**は**「しかず」**と読めばいい。ただしそのときに「〜にしかず」の「に」を忘れないように。さらに、「しかず＋なり」の処理については、「なり」が連体形接続だから「しかざるなり」となる。したがって、正解は次のとおりだ。

答　きゅうのがくをこのむにしかざるなりと

『比較』の「不レ如」「莫レ若」の説明は以上でひととおり終わりだが、超難関校をめざす人のために、ここからは「**莫大**《ばくだい》な耳**より**話《はなし》」を一つ。

「しかず」と**「しくはなし」**で合格点には達するのだが、もっと点数が欲しいという人は、出題頻度はグッと低いが**「〜より…は莫し」**という訓読もおさえておこう。

比較の“いがよみ”公式②

覚えること

莫《な》シレAハレBヨリ

[読み]Bより**A**は莫《な》し

[意味]BよりA(であるもの)はない

覚え方

莫《な》シレ大《だい》ナルレハ焉《これ》ヨリ

莫大な耳より話《はなし》

[読み]焉《これ》より大なるは莫《な》し

[意味]これより大きいものはない

慣れること

――実際の文型

莫《な》シ三Aハ二於(乎)Bヨリ一

[読み]BよりAは莫《な》し

[意味]BよりA(であるもの)はない

莫《な》シレAハレ焉《これ》ヨリ

[読み]焉《これ》よりAは莫《な》し

[意味]これよりA(であるもの)はない

(注意)①形容詞・形容動詞のAは「連体形」。

②「焉」はこの文型の場合だけ「これ」と読む。

③比較には「與《よリハ》二其《そノ》~一寧《むしロ》…」や「寧《むしロ》~トモ」という句形もあるが入試には出ない。

では、「**莫大**な耳**より**話《はなし》」を使って例題をやってみる。

例題

問 **次の文をすべて現代かなづかいでひらがなによって書き下し文にせよ。** 〈立命館大〉

故《ゆえ》ニ君《くん》子《し》ハ莫レ大二乎與《と》レ人爲《な》スヨリレ善《ぜん》ヲ。（孟子）

〔**解き方**〕文中に「莫大《ばくだい》」をみつけたら、「〜より大なるは莫し」という訓読にあてはめるだけででき上がりだ。あとは返り点にしたがって読んでいく。なお、「乎」は置き字。

答 **ゆえにくんしはひととぜんをなすよりだいなるはなし。** 〈現代語訳〉だから君子（にとって）は人と善を行うことより（意義の）大きいことはない。

「**莫大**な耳**より**話《はなし》」は身についただろうか。このゴロ合わせ自体、とても効果莫大《ばくだい》な耳より話だと思うのだが。

では、次の練習問題でキミたちの記憶にしっかり定着させておこう。

練習問題

問 **傍線部を書き下し文にせよ。**

① 反《かへりミテ》レ身《みニ》而誠《まことアラバ》、樂《たのシミ》莫レ大レ焉。

② 晉《しん》国《こくハ》天下莫レ強レ焉。

〔解き方〕

① 「莫レ大レ焉」は「これより～はなし」のパターンだ。「大」は「大なり」という形容動詞で、連体形となるので「大ナル」となる。

答 **樂しみ焉《これ》より大《だい》なるは莫《な》し** 〈現代語訳〉（反省して良心に一点の曇りもないときは、）楽しみとしてこれより大きいものはない（こんな楽しいことはない）

② 「莫《なシ》レ～《ハ》レ焉《ヨリ》」で「これより～はなし」というパターン。間には「強し」という形容詞が入る。「～は莫し」の上は連体形であることを忘れずに。

答 **焉《これ》より強《つよ》きは莫《な》し** 〈現代語訳〉（晋国は天下で）これより強い国はない

田中先生の

FAQ

Q 送りがなはどうする？「安くんぞ」か？「安んぞ」か？

A 用言の活用語尾、助詞、助動詞以外は漢字のママ

漢文訓読においては、読みがなは「ひらがな」で、送りがなは「カタカナ」で表記するのだが、送りがなで「ハタ！」と迷う場合が多い。

たとえば、「安《いづ》くんぞ」か「安《いづく》んぞ」か迷ってしまってあわてて質問に来る者がいるが、ズバリ「読めればよいのだから、送りがななんか気にするな！」なのだ。

しかし、人間というのはあわれなものでどうしても「ルール」を求めるため、習慣として確実なものを一つだけ教えておいた（P.36参照）。それは、

「用言の活用語尾、助詞、助動詞以外は漢字のママだ」

というものだが、これにもさまざまな例外がある。まして副詞の「いづくんぞ」などは、教科書・参考書の執筆者のシュミで送りがなが決まっているのが現状である。だから、入試でも問われないし、気にする必要もないのだ。

識別法

『受身』と『比較』の「於《おいテ》」の識別法

『受身』と『比較』の項で気がついた人もいたかもしれないが、『受身』の練習問題②（P.26参照）、『比較』の最初の例題（P.40参照）に「於」という漢字が出てきた。この「於」という漢字は、ふつうは読まないいわゆる「置き字」であるが、入試では『受身』と『比較』の識別のポイントとして出題される。

その出題のされ方は、**「於《おいテ》」の上が**「～見《る》レ逐《おハ》二於君《きみニ》一」のように**動詞なら「～る・らる」と『受身』**に読んで、**「～れる・られる」**と訳す。また、**「於」の上が**「深《ふかシ》二於海《ヨリ》一」のように**形容詞・形容動詞であれば『比較』**形であり、**「～より」**と読む。（ただし「於」＋時・所で、時間や場所を表すことは基本事項）

「於」の2つの用法を次のようにまとめておいたので、このまましっかり覚えておくように。

「於」の識別法

覚えること

「於《おい》テ」があったら『受身』と『比較』

「動詞」＋於 ⟶『受身』＝～る・らる

「形容詞・形容動詞」＋於 ⟶『比較』＝～より

それでは、実際の問題の中で「於」がどう用いられているのか、例題で確認してみよう。

まず、「於」の上が動詞で『受身』となる場合だ。

例題

問 次の文章の傍線部はどのように訓読したらよいか。1～4のうち最も適当なものを一つ選べ。

草木在リテ二高山之嶺ニ一、当タリ二疾風之衝《つきあ》グルニ一、昼夜動揺スル者ハ、能ク復タ勝《まさ》レルヤ下彼ノ隠レテ在リ二山谷ノ間ニ一、障ニ二於疾風一者ニ上乎。

1 疾風より障《へだ》てらるる者（に）
2 疾風に於て障《へだ》つる者（に）
3 疾風を障《へだ》てしむる者（に）
4 疾風のために障《へだ》つる者（に）

〈立教大・文〉

〔解き方〕「於《おい》テ」の上の「障」は「へだつ（へだてる）」という**「動詞」**であるから**『受身』**で読む。したがって「へだてらるる」と『受身』で訓読している1が正解。

なお、1には「より」があって誤解を招くかもしれないが、これは『比較』の「より」ではなくて「〜から」と訳す「動作が起こる場所を表す『より』」である。しかし、たとえそのことがわからなくても、絶対に迷うことはないはずだ。「於《おい》テ」の上が「形容詞」・「形容動詞」だったら「より」を『比較』とみる可能性もあるが、あくまでも「へだつ」という「動詞」なのだから『受身』を選べばよい。

答 1

次に、「於《おいテ》」の上が「形容詞」・「形容動詞」である場合の例題をあげる。

例題

問 **傍線部「猛於虎」の「於」字は文法上どんな働きをしているか、次のうちから一つ選べ。**

孔子過《よぎリシトキ》二泰山側《ノかたはらヲ》一、有《リテ》下婦人《ノ》哭《こくスル》二於墓《ニ》一者上而哀《かなシ》。夫《ふう》子《し》式《シテ》而聴《キ》レ之《ヲ》、使《メテ》二子路《ヲシテ》問《ハ》一レ之《ニ》曰《ク》、「子之哭《スル》也、壹《いつニ》似《タリト》二重《ネテ》有《ル》レ憂者《ニ》一。」而《チ》曰《ク》、「然《リ》、昔者《むかし》吾《ガ》舅死《シ》二於虎《ニ》一、吾《ガ》子又死《セリト》焉。」夫子曰《ク》、「何《なん》為《すレゾ》不《ル》レ去《ラ》也《やト》。」曰《ク》、「無《ケレバナリト》二苛政一。」夫子曰《ク》、「小子識《セ》レ之《ヲ》、苛政《ハ》猛《シト》二於虎《ヨリモ》一也。」

（「禮記」檀弓篇下）

1　場所を示す　　2　目的を示す　　3　原因を示す
4　比較を示す　　5　対比関係を示す

〈京都産大・経営〉

〔解き方〕長い長い文章であるが、ともかく傍線部をみると「猛」には「猛《たけシ》」と「し」という送りがながついている。これは「うつくし」「よし」などと同じ「し」で終わる「形容詞」とわかる。

したがって「於《おいテ》」の上に「形容詞」があるのだから、「於」は『比較』。つまり正解は4。とってもカンタン！

答 4

それでは、「於《おいテ》」があったら『受身』と『比較』の仕上げの練習問題をやってみよう。

練習問題

問 **傍線部を漢字かなまじりで書き下し、現代語訳せよ。**

① 労《ろうスル》レ心《こころヲ》者《ものハ》治《をさメ》レ人《ヲ》、労《スル》レ力《ヲ》者《ハ》治於人。

○労心者…頭脳労働する者　○労力者…肉体労働する者

② 小《せう》人《じん》之《の》好《ムコト》レ利《ヲ》甚二乎君子一。

○小人…つまらない人物　○利…利益　○甚…甚《はなは》ダシ　○乎＝於

③ 窮《きゅうスル》者《ものハ》常《つねニ》制二於人一。

○窮…困窮　○制…制圧

④ 人《ひと》之《の》憂患《かんハ》莫レ急《きふ》二於飢寒一。

○憂患…心配事　○急ナリ…緊急である

⑤ 不《ざ》レバレ信《しん》ゼラレ二乎朋《ほう》友《いう》ニ一、不レ獲《え》二乎上一。

○朋友…友人　○獲《う》…とりたてる　○上…上司、上役　○乎＝於

⑥ 商《しやう》賈《こ》之《の》趨《おもむ》クレ利ニ也《や》、疾二于飛《ひ》矢《し》一。

○商賈…商人　○趨ク…追いかける　○疾《はや》シ　○于＝於

⑦ 青《あを》ハ出《い》デテ二於藍《あゐ》ヨリ一、而青シ二於藍一。

○青…青色　○藍…青色をとる染料

〔解き方〕① **「於」の上**の「治」は「治《をさ》む（治める）」という**『動詞』**なので、**『受身』の「る」**か**「らる」**をつける。どちらか迷ったら、現代語で「治められる」と読み、「れ」を抜く……というのは『受身』で練習したとおりだ（P. 23参照）。

答〈書き下し文〉**人に治めらる**〈現代語訳〉（頭脳労働をする者は人の上に立ち、肉体労働者は）**人に治められる**

② **「乎＝於」の上**の「甚」は「甚《はなは》だし」という**『形容詞』**なので**「より」**と読む**『比較』**。

答〈書き下し文〉**君子より甚《はなは》だし**〈現代語訳〉（つまらない人物が利益を好むことは）**君子**（理想人）**よりも甚だしい**

③ **「於」の上**の「制」は「制《せい》す」という**「サ変動詞」**なので、**『受身』の「らる」**をつける。

答〈書き下し文〉**人に制せらる**〈現代語訳〉（困窮した者は）**他人に制圧されてしまう**

④**「於」の上**の「急」は「急なり」という**「形容動詞」**なので、この「於」は**『比較』**で**「より」**と読む。

答〈書き下し文〉**飢寒より急なるは莫し**〈現代語訳〉（人の心配事で）**飢えや寒さより緊急なものはない**

⑤**「乎＝於」の上**の「獲」は「獲《う》（得る）」という**「動詞」**なので**『受身』の「る」か「らる」**をつける。「獲《う》」は「ア行下二段動詞」なので、「らる」をつけ、「不」があるため「獲られず」となる（P.23参照）。

答〈書き下し文〉**上に獲《え》られず**〈現代語訳〉（友人に信用されなければ）**上司にもとりたてられ**（ず出世し）**ない**

⑥**「于＝於」の上**の「疾」は「疾《はや》し」という**「形容詞」**なので**「より」**と読む**『比較』**。

答〈書き下し文〉**飛矢《ひし》より疾《はや》し**〈現代語訳〉（商人が利益を追いかけることは）**飛ぶ矢よりもはやい**

⑦**「於」の上**の「青」は「青《あを》し」という**「形容詞」**なので、「於」は**「より」**と読む**『比較』**。気がついたと思うが、これは有名なことわざだ。

答〈書き下し文〉**藍より青《あを》し**〈現代語訳〉（青色は藍という染料からとるのだが、）**できた青色は**（もとの）**藍より青い**（学生が教師より出世することのたとえ。出藍《しゅつらん》之《の》誉《ほまれ》ともいう。いずれ諸君にもこうなってほしいものだ）

いがよみ

4 『反語』の公式

―反語はこれだけ、語尾の「ンヤ」

入試に出題されるのは、当然のことながら訳しにくいところだけだ。誰でもできる問題では入試にならない。そこで**「〜か、いや」と訳す『反語』**表現はちょっとめんどくさくまちがえやすいので、漢文だけでなく古文でもよく出題される。そこでこの項では『反語』をチェックする。

この『反語』表現の**〝読み〟のポイントは、漢字以外の読み＝〝いがよみ〟の文末の「ンヤ」**だ。だから、書き下しを要求する設問で『反語』とわかれば、必ず語尾の「ンヤ」を忘れないこと。『反語』を表す「豈《あに》」「安《いづ》くんぞ」「何《なん》ぞ」「誰《たれ》か」「如何《いかん》ぞ」「如何《いかん》せん」といった漢字は、眺めて慣れておけばよい。

これらの漢字のほかに「悪《いづクンゾ》」といった漢字もあるが、ふつうは読みがながついているから、学習は不要。難関大学や漢文の難問が出題される大学を受験する人だけが、この項の後ろで述べる『難関大学を受ける人への注意』（P.65参照）を見ておけばいい。

また、文末の助字「乎、哉、也、邪、耶、與（与）、歟」などがない場合には、「んや」でなく「ん」で読みをとめる場合が多いが、特に神経質になることはない。このことは、受験で問われることはないからだ。それでは、例によって**いがよみ公式**から始めるよ。

反語の"いがよみ"公式

慣れること

覚えること

豈《あに》〜（どうして〜か、いや）
安《いづクンゾ》〜（どうして〜か、いや）
何《なんゾ》〜（どうして〜か、いや）
誰《たれカ》〜（だれが〜か、　いや）
如何《いかんゾ》〜（どうして〜か、いや）
若何《いかんゾ》〜（どうして〜か、いや）
奈何《いかんゾ》〜（どうして〜か、いや）

↓

「未然形」＋「んや」

例 安くんぞ 知ら んや ← 未然形

※何《なに》＝奚《なに》＝胡《なに》＝曷《なに》

暗記法

未然形の「未《み》」と「んや」を合わせて**「反語未《み》んや」**で暗記する。「未《み》んや」「みんや」「みんや」…。

(注)「可」の場合のみ「未然形」は特殊。可《べ》けんや（どうして〜できようか、いや）

※「べけ」は「べし」の未然形の古い形だが、ツマランことにこだわらないで慣れるが勝ち。

それでは今度は、練習問題によって各種漢字の読みと語尾の「んや」のまとめをしておこう。

練習問題

問　傍線部の反語表現に注意しながら、漢字かなまじりの書き下し文にせよ。

①　豈能《よク》佩《お》二六《りっ》國《こく》之《の》相《しゃう》印《いんヲ》一乎。

②　燕《えん》雀《じゃく》安知《し》二鴻《こう》鵠《こく》之《の》志《こころざしヲ》一哉。

③　吾《われ》何愛《をしマ》二一《いち》牛《ぎうヲ》一。

④　人《じん》生《せい》感《かんズ》二意《い》氣《き》一、功《かう》名《みやう》誰復《まタ》論《ろん》。

⑤　對《たいスル》レ此《ニこれニ》如何不《ざ》二涙《ランなみだ》垂《たレ》一。

⑥　可レ謂《いフ》レ仁《じんト》乎。

〔解き方〕①「佩」は現代語では「佩《お》びる（「身につける」という意味）」。古文では「佩《お》ぶ」。そして、「佩ぶ」の未然形は「佩び」。したがって、**「豈《あに》＋未然形＋んや」**の『反語』表現は「豈佩《お》びんや」となる。なお、未然形の作り方がわからない人は、「佩びない」のように、動詞に「ない」をつけると未然形ができることを知っておこう。

答 **豈《あに》能《よ》く六國《りっこく》の相印《しゃういん》を佩《お》びんや。**〈現代語訳〉どうして六国の宰相の印章を持つ（六国の政治の実権を握る）ことができようか、いやできない。

②『反語』表現は**「安《いづ》くんぞ＋知＋んや」**だ。「知る」の未然形は「知らない」の「知ら」。したがって語尾は「知らんや」となる。

答 **燕雀《えんじゃく》安《いづ》くんぞ鴻鵠《こうこく》の志《こころざし》を知《し》らんや。**〈現代語訳〉どうして（燕や雀などの）小さい鳥に（鴻や鵠などの）大きな鳥の志が理解できようか、いやできない。（↓「小人物には大人物の志がわからない」という意味のことわざ）

③『反語』表現は**「何《なん》ぞ＋愛《をし》む＋んや」**。「愛む」の未然形は「愛まない」の「愛ま」。したがって、語尾は「愛まんや」。なお、文末に「乎」などの助字がないから、「んや」の「や」は省略してもよい。

答 **吾《われ》何《なん》ぞ一牛《いちぎう》を愛《をし》まん（や）。**〈現代語訳〉私がどうして一頭の牛を惜しもうか、いやそんなものは惜しくない。

④『反語』表現は**「誰《たれ》か＋論＋んや」**。「論」を動詞で読むときはサ変動詞の「す」をつけて、「論ず」（「す」の直前が「ん」であれば、「す」は濁音化して「ず」となる）。サ変動詞の未然形は「せ」（ここでは「ぜ」）だから、「未然形＋んや」は「論ぜんや」となる。なお、文末に「乎」などの助字がないから、「んや」の「や」は省略してもよい。

答 **人生《じんせい》意《い》氣《き》に感《かん》ず、功名《かうみやう》誰《たれ》か復《ま》た論《ろん》ぜん（や）。**〈現代語訳〉人生は心意気に感ずる（心意気に感じて行動するものだ)。名誉功績など誰が気にしようか、(私は)絶対に関係ない。

⑤『反語』表現は**「如何《いかん》ぞ＋不レ垂＋んや」**。「不《ず》」の未然形は「ざら」(打消の助動詞「ず」において、「ず」の下に助動詞が続く場合、「ず」は「ざら、ざり…」の系統のザリ活用の形をとる)。したがって、「未然形＋んや」は「ざらんや」である。なお、文末に「乎」などの助字がないから、「んや」の「や」は省略してもよい。

答 **此《これ》に對《たい》するに如何《いかん》ぞ涙《なみだ》垂《た》れざらん(や)。**〈現代語訳〉これに対面すると、どうして涙をこぼさずにいられようか、どうしても泣いてしまう。

⑥「可」は特殊な形で、**「可の未然形＋んや」**が『反語』表現になる。「可し」の未然形は漢文訓読では古形の「べけ」を使うので、「未然形＋んや」は「べけんや」となる。

答 **仁《じん》と謂《い》ふべけんや。**〈現代語訳〉仁と言うことができようか、いや言えない。

それでは次に、実際の入試問題で反語を練習しておこう。

入試問題

問 **次の文を書き下し文に改めよ。**

此 豈 其 情 也 哉

〈東北大〉

〔解き方〕まず漢字を全部読んでみる。此＝これ、豈＝あに、其＝その、情＝なさけ、也＝なり。あとは『反語』の〝いがよみ〟「んや」をつけ、さらに、「んや」の前が未然形であることに注意すれば、「也《なり》」は未然形の「なら」になって「んや」に接続する。

答 **此《こ》れ豈《あに》其の情ならんや**

なお、「んや」の前が未然形であることを忘れそうなら、「未然形＋んや」から「未《み》んや」→「みんや」と唱えて記憶を確かにしておこう。

ではもう一題、入試問題をやっておこう。これも東北大の問題だが、東北大は『反語』の設問が大好きな大学なのだ。

P.57の慣れておく漢字をもう一度眺めて、早速やってみよう。

入試問題

問 **傍線の箇所の訓《よ》みかたを、送りがなも含めてすべてひらがなで記せ。**

妻曰《ハク》、「君《きみ》少《わかクシテ》修《メ》二清節《ヲ》一、不《レ》顧《ミ》二栄禄《ヲ》一。今子《し》伯《はく》之《の》貴《たっとキハ》孰《いづれゾ》二与君之《の》高《たかキニ》一。奈何忘《レテ》二宿志《ヲ》一而慚《はヂン》二児女子《ニ》一乎《やト》。」

霸屈起《シテ》而曰《ハク》、「有《ル》是《これ》哉《かなト》。」遂《つひニ》共《ニ》終《フルマデ》身《ヲ》隠《いん》遯《とんス》。

〈東北大〉

○子伯…人名。王霸の友人。出世して楚の宰相になっている
○霸…王霸。人名

〔解き方〕読むのは「奈何」。ここまで練習をしてきて、これを「いかんぞ」と読めない人はいないはずだ。国立大学の入試でも、こういう程度の問題が堂々と出題されるのだ。

答 **いかんぞ**

＊

『反語』の〝読み〟には慣れただろうか。今度は〝訳〟を完璧にしよう。

「安《いづ》くんぞ」の訳を、「どうして〜か、いや」と覚えようとしてもなかなか覚えられない人に、訳の覚え方の秘訣を教えよう。ユージン先生が発明したとても便利な翻訳原則「いどなどルール」だ。

いどなどルール

「い」で始まるものは「ど」で訳せ。→いづくんぞ…→どうして

「な」で始まるものは「ど」で訳せ。→なんすれぞ…→どうして

この「いどなどルール」に例外はない。このルールさえマスターすれば、疑問形で登場する「何《いづ》処《こ》」「幾何《いくばく》」「如何《いかんセン》」などにも使える。

「何処」→**いづこ**→**どこ**　「幾何」→**いくばく**→**どれほど**　「如何」→**いかんせん**→**どうしよう**

といった具合に、すべて訳をカンタンに導き出せる。ついでに「いどなどルール」は古文にも使えるので、ぜひこの便利なルールをマスターしておいてほしい。

では、この「いどなどルール」を使って『反語』の訳の問題をやってみよう。

入試問題

問　次の文章の傍線部を書き下し文にし、さらに現代語訳せよ。

或《ヒト》請《こフ》㆓重《おもクシテ》㆑法《ほふヲ》禁《きんゼント》㆑盗《とうヲ》。上《しやう》曰《いはク》、「當《まさニ》《ベシ》㆓去《さリ》㆑奢《しやヲ》省《はぶキ》㆑費《ひヲ》、輕《かるクシ》㆑徭《ようヲ》薄《うすクス》㆑賦《ふヲ》。選《せん》㆓用《ようシテ》廉《れん》吏《りヲ》㆒、使《しメバ》㆓民《ヲシテ》衣《い》食《しょく》有《あラ》㆑餘《あまり》、自《おのづかラ》不《ざラン》㆑爲《なサ》㆑盗《とうヲ》。安用㆑重㆑法邪。」自《より》㆑是《これ》數《すう》年《ねん》之《の》後《のち》、路《みちニ》不《ず》㆑拾《ひろハ》㆑遺《おチタルヲ》、商《しやう》旅《りよ》野《や》宿《しくス》焉。

（『十八史略』唐）

○上…皇帝　○奢…ぜいたく　○徭…労役　○賦…租税
○廉吏…清廉潔白な役人　○遺…落し物　○商旅…行商人や旅人

〈文教大・文〉

〔解き方〕「安」の読みが「安《いづ》くんぞ」であることはもうわかっているはずだ。あとは「用」の読みが「用ふ」であることに着目し、さらに「重《おも》クスレ法ヲ」と読めれば、「安クンゾ用フレ重クスルヲレ法ヲ邪ンや」まできあがる。

ここで「みんや」を思い出すと、「〜んや」の直前は未然形。「用ふ」の未然形は、「ない」をつけてみると「用ひない」となって、「用ひ」。したがって「用ひんや」となる。

次に、現代語訳は「いどなどルール」から「いづくんぞ→どうして」となるから、あとは訓読をそのまま使えばよい。

答 〈書き下し文〉**安くんぞ法を重くするを用ひんや** 〈現代語訳〉**どうして法律**（刑罰）**を重くする必要があろうか、いやない**

まとめ

格言　読むとき未んや、訳はいどなど

ここまでくると、漢字の読みに慣れさえすれば、訳も「未然形＋んや」の処理ももう大丈夫だ。漢字以外《いがい》の読《よ》みすなわち〝いがよみ〟は『反語』に関してはこれでおしまい。最後に、格言で反語をおしまいとする。

補講

難関大学を受ける人への注意

さて、ここから先はスペシャル・ゼミナールだ。

早大は、ふつうなら読みがなをつける「焉」といった漢字まで質問する傾向がある。また、九大などは、過去に「何ノＡカ之《こ》レ有ラン」といった特殊な『反語』を出題したことがある。東大、京大は絶対に難問を作らないから「私は東大だけ受けるの」という人はよいが、早大、法政大（ここも読みがなをつけないことが多い）と地方の国公立大を受ける諸君は、ぜひとも次にあげる漢字の読みに慣れておいてほしい。なお、「ぼくは中堅私立大でいい」という人は、このコーナーは飛ばして次の『詠嘆』へ。

反語の特殊な公式

慣れること

覚えること

「いづクンゾ」で、ふつうは注で説明してある「安」以外の漢字

①「どうして〜か、いや」という訳になるもの

「いづクンゾ」………「焉」「寧」「悪」「烏」

「なにヲもっテ」………「何以」

②「だれが〜か、いや」という訳になるもの

「たれカ」………「孰」

※これらの文末はすべて**「未然形」**＋**「んや」**の形になる。

特殊な反語

①「どうしてAであろうか、いや」

何《なんノ》A《コトカ》之《こレ》有《あラン》

②「どうして〜しないことがあろうか、いや必ず〜」

敢《あヘテ》不《ざラン》レ〜乎《や》

③「〜をどうしよう、どうしようもない」

如《いか》㆓――㆒何《ヲんセン》

奈《いか》㆓――㆒何《ヲんセン》

漢字に慣れたら、仕上げの練習問題をやっておこう。

練習問題

問 次の文はすべて反語の意味を含む。傍線部に注意しながら漢字かなまじりで書き下し、現代語訳せよ(一部の読みがな、送りがなは省略してある)。

① 未《いま》ダ《ず》レ知《し》ラレ生《せい》ヲ、焉知《し》ラレ死《し》ヲ。

② 王《わう》侯《こう》將《しやう》相《しやう》、寧有《あ》レ種《しゆ》乎。

③ 何以異二此《こ》ノ胡《こ》之《の》可《べ》キニレ笑《わら》フ邪。

○胡…胡人。西域の異民族(漢民族以外)を指す

④ 孰能《よ》ク無《な》レ惑《まど》ヒ。

○能…〜できる　○惑…心の迷い。戸惑い

⑤ 日《ひ》ニ勉《つと》メテ積《つ》メバレ之《これ》ヲ、何難之有。

⑥ 百《ひゃく》獣《じゅう》之《の》見《みテ》レ我《われヲ》而敢不レ走《はしラ》乎。

⑦ 虞《ぐ》兮虞《ぐ》兮奈レ若《なんぢヲ》何。

○虞…人名。美人だったので〝虞美人〟と称せられた　○若《なんぢ》…お前

〔解き方〕① 「焉」の読みは「焉《いづ》くんぞ」。「知る」の「未然形」は「知らない」から「知ら」。したがって「未然形」＋「んや」は「知らんや」。なお、文末に「乎」などの助字がないから「んや」の「や」は省略してもよい。訳は「どうして〜か、いや〜」のパターン。

答 〈書き下し文〉**未《いま》だ生《せい》を知らず、焉《いづ》くんぞ死を知らん（や）。**〈現代語訳〉**まだ生きることがよくわからない。どうして死後の世界を知り得ようか。いや、わかるはずがない。**

② 「寧」の読みには「寧《むし》ろ」もあるが、文末に「乎」の助字があるから、『反語』の「寧《いづ》くんぞ」と読む。「有り」の「未然形」は「有らず」の「有ら」だから「未然形」＋「んや」は「有らんや」となる。現代語訳は「どうして〜か、いや〜」のパターン。

答 〈書き下し文〉**王侯将相《わうこうしやうしやう》、寧《いづ》くんぞ種《しゅ》有《あ》らんや。**〈現代語訳〉**国王や貴族、将軍や大臣**（こういったもの）**に、どうして血統があろうか、いやない。**（出世に家柄は関係ない）

③ 「何以」の訓読は「何《なに》を以《もっ》て」。訳は「いどなどルール」から「**なにをもって→ど**うして」。「異なる」の「未然形」は「異ならない」の「異なら」。したがって「未然形」＋「んや」は「異ならんや」となる。

答 〈書き下し文〉**何《なに》を以《もっ》て此《こ》の胡《こ》の笑《わら》ふべきに異《こと》ならんや。**〈現代語訳〉**どうしてこの笑うべき胡人と異なろうか、まったく同じだ。**

④「孰」の読みは「孰《たれ》か」。訳は「誰が〜」。「無《な》し」という「形容詞」は、その下に「助動詞」（「んや」の「ん」は推量の助動詞）が続く時は**「カリ活用」**といわれる活用系統になるから、「未然形」は「無から」。したがって「未然形」＋「んや」は「無からんや」。なお、文末に「乎」などの助字がないから、「んや」の「や」は省略してもよい。また、「能《よ》く」の訳は「〜できる」だから、『反語』を加えた訳は「〜できようか、いやできない」となる。

答 〈書き下し文〉**孰《たれ》か能《よ》く惑《まど》ひ無からん（や）。**〈現代語訳〉**誰が迷いからのがれられようか、いやできない。**

⑤「何A之有」が反語で、読みは「何のAことか之《こ》れ有らん」。現代語訳は「どうしてAであろうか、いやない」。Aの部分の「難」は「難《かた》し」という「形容詞」。「難《かた》し＋こと」は「こと」が体言なので「難し」は「連体形」となり「難きこと」と読む。

答 〈書き下し文〉**日《ひ》に勉《つと》めて之《これ》を積《つ》めば、何《なん》の難《かた》きことか之《こ》れ有《あ》らん。**〈現代語訳〉**毎日がんばって積み重ねていけば、どんな困難があるというのか、いや、ありはしない。**

⑥「不《ず》」の「未然形」は「ざら」（打消の助動詞「ず」において、「ず」の下に「助動詞・助詞」が続く場合、「ず」は「ざら、ざり……」の系統の**ザリ活用**の形をとる）。したがって、「未然形」＋「んや」は「ざらんや」。『反語』の「敢不〜乎」は「あえて〜ざらんや」と読み、現代語訳は「どうして〜ないことがあろうか、いや必ず〜」のパターンだ。

答〈書き下し文〉**百獣《ひゃくじゅう》の我《われ》を見て、敢《あ》へて走らざらんや。**〈現代語訳〉**獣たちが私を見て、どうして逃げないことがあろうか、いや必ず逃げる。**

⑦傍線部は「如《いか》二○ヲ一何《ん》セン」「奈《いか》二○ヲ一何《ん》セン」というパターンだから「奈○何」のどまん中に「若《なんぢ》ヲ」を入れればでき上がり。

答〈書き下し文〉**若《なんぢ》を奈何《いかん》せん。**〈現代語訳〉**お前をどうしようか、どうしようもない。**

田中先生のFAQ

Q 「置き字」は覚える必要がありますか?

A 「於」と「焉」だけ覚えておけばよい

普通は訓読しない「於」「焉」などは「置き字」と言われ、ほとんどの参考書はくわしく説明している。しかし、受験には基本的に「読み」が問われるので、「読まない」置き字は出題されない。本書では「於」や「焉」で受験に出るところだけしっかり説明してあるから、「置き字」としては覚える必要なし!

いがよみ

5 『詠嘆』の公式

―詠嘆は反語の親戚、語尾の「ズヤ」

ひしひしとのしかかってくる受験の重圧に、青息吐息で苦しむ今日このごろ。思わずもれるのが、「なんと悲しいことではないか」という溜息《ためいき》まじりのセリフ。

受験生の場合、この溜息につき合ってあげるより、ビシビシ鍛えたほうが、それだけ重圧から解放されるので、公式をさし上げよう。

この「なんと悲しいことではないか」という文章を漢文訓読にすると、「ない」は「ず」に、「か」は「や」にそれぞれ変化し、「亦《ま》た悲しからずや」と表現される。ちなみに、これを漢文で表現すると、「不《ず》二亦《ま》タ悲《シカラ》一乎《や》」となる。

ではこれをカンタンにまとめておこう。

なんと　悲しいことでは　**ない**　**か**
　　　　　　　　　　　　＝　　＝
亦《ま》た　悲しから　**ず**　**や**

この表現を『詠嘆』形というが、覚えることはたった二つ。**「あに〜ずや」**と**「また〜ずや」**だけだ。どうだい、悲しんでいるより、重圧から解放されただろう。「あに」「また」はここでは詠嘆の意を強めているので、省略されることもある。

詠嘆の"いがよみ"公式

覚えること

不《ず》ニ亦《ま》タA一乎《や》　［読み］**亦《ま》たAずや**

豈《あに》不《ず》レA哉《や》　［読み］**豈《あに》Aずや**

［意味］**なんとAではないか**

ポイント

①Aは「形容詞」・「形容動詞」または「名詞」＋断定の助動詞「なり」

②Aは「ず」に接続するので、いずれも**「未然形」**

例　かなしからずや　→形容詞未然形

静かならずや　→形容動詞未然形

美女ならずや　→「名詞」＋断定の助動詞「なり」の未然形

覚えることはトテモ少ない。まずは練習問題をやってみよう。

練習問題

問 **傍線部を漢字かなまじりで書き下し、現代語訳せよ。**

① 不㆓亦説㆒乎。

② 仁以爲㆓ス己《おのガ》任㆒ト、不㆓亦重㆒乎。

③ 豈非㆓ズ人事㆒ニ哉。

○説《よろこ》バシ…喜ばしい
○重《おも》シ…重大だ
○人事…人のしわざ

〔解き方〕① 「亦《ま》た〜**ずや**」というパターンで、「説《よろこ》ばし」という「形容詞」を「未然形」＋「ず」にして、「説《よろこ》ばしからず」となる。現代語訳は「亦《ま》た」→「なんと」、「ず」→「ない」、「や」→「か」とすればでき上がり。

答 〈書き下し文〉**亦《ま》た説《よろこ》ばしからずや** 〈現代語訳〉**なんと喜ばしいことではないか**

② 「亦《ま》た〜**ずや**」のパターン。「重《おも》し」という「形容詞」を「未然形」＋「ず」にして「**重からずや**」とする。「ず」の上はカリ活用になる。

答 〈書き下し文〉**亦《ま》た重《おも》からずや** 〈現代語訳〉（仁という思想を広めることを自分の任務と考

える。）**なんと重大なことではないか**

③「豈《あに》～**ずや**」というパターン。「非」はもう「あらず」となっているから「人事にあらず**や**」となっておしまい。

答 〈書き下し文〉**豈人事《あにじんじ》に非《あら》ずや** 〈現代語訳〉**なんと**（運命ではなく）**人のしわざではないか**

『詠嘆』の句形は何とカンタンではないか（不《ず》二亦《ま》タ簡《かん》ナラ一乎《や》！）では、リズムに乗ってもう少し練習問題をやってみよう。

練習問題

問 **傍線部を、(a)漢字かなまじりで書き下し、(b)現代語訳せよ。**

① 豈不二誠廉《ノ》士一《ナラ》哉。

○誠廉《せいれん》…清廉潔白

② 有《あり》レ朋《とも》自《より》二遠《ゑん》方《ぱう》一來《きたル》、不二亦樂《シカラ》一乎。人《ひと》不《ずシテ》レ知《しラ》而不《ず》レ慍《いきどほラ》、

③ 時已《すでニ》徙《うつレリ》矣。而《しかうシテ》法《はふ》不レ徙《うつラ》。以《テ》レ此《これヲ》爲《ス》レ治《ちヲ》、豈不レ難哉。

○難《かたシ》…困難だ

〔解き方〕① 「豈不A哉」にあてはめれば、Aにあたるのが「誠廉《せい》の士《し》」だが、この「誠廉の士」と「ず」をつなぐためには、「誠廉の士」に**「なり」（断定の助動詞）を入れる必要がある。そしてそれを「未然形」**にすれば「誠廉の士ならずや」となる。あとは公式どおり書き下し、「なんと〜ではないか」のパターンで現代語訳すればよい。

答 (a)〈書き下し文〉**豈《あに》誠廉《せいれん》の士ならずや** (b)〈現代語訳〉**なんと清廉潔白な人物ではないか**

②「亦《ま》た〜**ずや**」のパターンで、「楽《たの》し」を「未然形」にして接続すれば「楽しからずや」となる。後半の「君子」は「君子なり」と**「断定の助動詞」を補うので「君子ならずや」となる。現代語訳はいずれもパターンどおりだ。**

答 (a)〈書き下し文〉**亦《ま》た楽《たの》しからずや／亦《ま》た君子《くんし》ならずや** (b)〈現代語訳〉（友人が遠くからやってきた。）**なんと楽しいことではないか。**（他人が認めてくれなくても怒らない。）**なんと君子**（理想人）**ではないか**

③「難《かた》し」という「形容詞のカリ活用」を使って**「未然形」**に読み、「豈《あに》〜ずや」にあてはめると「難から**ずや**」となり、カンタンに正解に至る。（P.69④参照）

答 (a)〈書き下し文〉**豈《あに》難《かた》からずや** (b)〈現代語訳〉（時代はすでに変化しているのに、（古い時代にできた）法律は変わっていない。この法律で政治をするのは）**なんと難しいことではないか**

もう一度、最初の公式を見て、練習問題の解き方をよく思い出しながら、仕上げに入試問題をやろう。

入試問題

問 **傍線部をひらがなだけを用いて書き下せ**（設問の都合で訓点・送りがなを省略したところがある）。

周《しゅう》公《こうハ》弟《おとうと》也《なり》。管《かん》叔《しゅくハ》兄《あに》也《なり》。周《しゅう》公《こう》之《の》過《あやまツルハ》<u>不亦宜乎</u>。

〈大谷大・文〉

○宜ナリ…当然だ

〔解き方〕「不亦A乎」の読みを問う問題だ。**「亦た〜ずや」というパターン**であるから、「宜《むべ》なり」という「形容動詞」を「未然形」にして「亦た宜《むべ》ならずや」と読めばでき上がりだ。

答 **またむべ（うべ）ならずや** 〈現代語訳〉当然ではないか

今度は「豈《あに》～ずや」のパターンの問題をもう一題やってみよう。

入試問題

問　傍線部をひらがなで書き下せ。

得《うル》レ道《みちヲ》之《の》人《ひと》、亂《らん》國《こく》之《の》君《きみハ》非《そしリ》二之《これヲ》上《うえニ》一、亂《らん》家《か》之《の》人《ひとハ》非《そしル》二之《これヲ》下《したニ》一。豈不哀哉。

〈京都教育大〉

○哀《かな》シ…情けない

〔解き方〕これは「豈《あに》～ずや」というパターンであるから、「哀《かな》し」という「形容詞」を「未然形」にして公式にあてはめれば、「豈《あに》哀しからずや」となる。まことにカンタンだ。（P.69④参照）

答　あにかなしからずや　〈現代語訳〉なんと情けないことではないか

いがよみ

6『疑問』の公式

――疑問の語尾は連体形

『疑問』形の中心はなんといっても「何」という漢字であるが、生徒がよくこんなふうに質問してくる。「『何』には五つの用法があって『なんぞ・なにをか・いづれか・いづれの・いづくにか』と読むと習いましたが、実際の文章ではどうやって区別すればよいのでしょうか?」

こんなバカバカしい『疑問』に対してはズバリ答えよう。入試レベルの「何」に五用法などない。**「何」が単独で出ていたら「何《なに》をか」だけ**なのだ。本当に一つしかない。なぜか?

それは、そもそも受験に使われるような名文では「何ぞ」を使った単純な『疑問』というのはあまりなく、ほとんどがその裏に『反語』の意味を含んだ文章だからだ。したがって「何ぞ」と訓読する場合は、必ず「何」の下に「不」がついた**「何不**（読み）**なんぞ～ざる**（現代語訳）**どうして～しないのか。～すればよいのに」**という用例になっている。だからこそ「何」だけで「なんぞ」と読む場合はあまり見かけない。

ほとんどの参考書が『疑問』として「何ぞ」を筆頭にあげているが、これはその筆者が試験に出る頻出漢文をきちんと分類・分析したことがないと思ってよい。「なんぞ」という言い方もないことはないが、文章的にほとんど存在せず、入試には絶対に出題されないし、出題されても解答の障害にはならない。

疑問の"いがよみ"公式

覚えること

①『疑問』の語尾は連体形

②「何」一字だけなら「何をか」と読め→「ヲカ」のいがよみが決め手

「何《なにヲカ》（動詞）」
- [読み] なにをか
- [意味] 何をするのか？

③「何《なん》爲《すレゾ》〜」
- [読み] なんすれぞ〜
- [意味] どうして〜か？

④「如何《いかんゾ》〜（＝若何）」
- [読み] いかんぞ〜
- [意味] どうして〜か？

「奈何《いかんゾ》〜」
- [読み] いかんぞ〜
- [意味] どうして〜か？

⑤文末にくる『疑問』の表現

「〜何如《いかん》。（＝何若）」
- [読み] 〜いかん
- [意味] 〜はどうか？（状態・結果を問う）

「〜如何《いかんセン》。（＝若何）」
- [読み] 〜いかんセン
- [意味] 〜をどうしようか？（方法を問う）

なお、「何」で「いづれか、いづれの、いづくにか」という訓読もありうるが、入試にはあまり出ない。

「何如《いかん》」と「如何《いかんセン》」の識別暗記法

「何」が先にくる「何如」は「いかん」、「如」が先にくる「如何」は「いかんセン」と訓読し、とてもまぎらわしいが、安心してくれ。次の呪文を唱えればたちまち頭に入ってしまう。

何《なに》かん如《じょ》セン↓
「何」が先なら「いかん」だよ
「如」が先なら「いかんセン」だぞ

何↓何如↓いかん
如↓如何↓いかんセン

疑問「何ぞ」の公式

慣れること

①「何ぞ」と読むなら必ず熟語。
②「なんぞ」と訓読する場合は、以下のように「何」を含む二字熟語を形成している。

「何《なんゾ》不《ざル》二～一」
〔読み〕なんぞ～ざる
〔意味〕どうして～しないのか？

「何《なんゾ》能《よク》～」

〔読み〕なんぞよく～

〔意味〕どうして～できるのか？

○何《なん》＝奚《なん》＝胡《なん》＝曷《なん》

（注）①以下の反語表現も実はすべて「何」を含む熟語になっている。

○何可＝「何《なんゾ》可《べケンヤ》二～一」
〔読み〕なんぞ～べけんや
〔意味〕どうして～できようか、いやできない。

○何必＝「何《なんゾ》必《かならズシモ》～」
〔読み〕なんぞかならずしも～

〔意味〕どうして絶対に～か、必ずしも～ではない。

○何獨＝「何《なんゾ》獨《ひとリ》～」
〔読み〕なんぞひとり～

〔意味〕どうして～だけか、いやちがう。

②「乎、哉、也」などの助字だけでも疑問の意味になるが入試には出ない。「乎」などがあった場合は「や」または「か」と読むが、その原則はP.92参照。
それでは、覚えること、慣れることのパターンをもう一度よく見てから、練習問題をやってみよう。

練習問題

問 傍線部を書き下し文にせよ。

① 何不レ学《まなバ》。
○学ブ…真理を探求する（決して受験勉強ではない）

② 「士《しハ》何事《ことトスルト》。」孟《まう》子《し》曰《いはク》、「尚《たかクスト》レ志《こころざしヲ》。」
○士…(教育を受けた)知識階級　○事トス…尊重して実行する　○志…理想、目的

③ 何不二與《と》レ我《われ》決《けっセ》一乎《や》。
○決ス…勝負する

④ 何爲不レ去《さラ》也《や》。
○去ル…立ち去る

⑤ 郷《きやう》人《じん》皆《みな》好《このマバ》レ之《これヲ》何如。
○郷人…村人

⑥ 朋《ほう》友《いう》之《の》際《さいハ》如何。
○朋友…友人　○際…つきあい、交際

⑦ 臣《しん》初《はじ》メテ起《お》コリシヨリ従《したが》フ二陛《へい》下《か》ニ一。陛《へい》下《か》獨《ひとり》奈何中《ちゅう》道《だう》ニシテ而棄《す》ツル二之《これ》ヲ於諸《しょ》侯《こう》ニ一乎《や》。

○臣…私め　○中道…途中　○之《これ》…ここでは「私」の意

⑧ 月《つき》白《しろ》ク風《かぜ》清《きよ》シ、如二此《こ》ノ良《りやう》夜《や》ヲ一何。

○良夜…すばらしい宵

⑨ 問レ君ニ何能爾《しか》ルト。

○爾《しか》ル…そのように

〔解き方〕① 「何《なん》ゾ不《ざ》ル二〜一」の形であるから、「なんぞ〜ざる」と読み、「どうして〜しないのか」と訳す。「学ぶ」の未然形は「学ば」。

答 **何ぞ学ばざる** 〈現代語訳〉どうして真理を探求しないのか

② 「士何事」の「何」を「何ぞ」と読まないように。**「何」一字の場合は「なにをか」**だ。

答 **士は何をか事とする** 〈現代語訳〉「知識階級は何をすればよいのか」。孟子は言う。「高い理想をもて」

③ **「何《なん》ゾ不《ざ》ル二〜一」**の形であるから、**「なんぞ〜ざる」**と読んで、**「どうして〜しないのか」**と現代語

訳する。

答 **何《なん》ぞ我《われ》と決《けっ》せざるや**　〈現代語訳〉どうして私と勝負しないのか

④**「何《なん》爲《す》レゾ」**の「なんすれぞ〜」という読みは問題ないはず。**『疑問』の語尾の「連体形」**に気をつけよう。「不去」の「さらず」を「連体形」にするためには「さらざる」となり、「や」をつけてでき上がり。（P.69⑥参照）

答 **何爲《なんす》れぞ去《さ》らざるや**　〈現代語訳〉どうして立ち去らないのか

⑤**文末**にくる疑問表現の「何如」は**「いかん」**。「如何《いかん》セン」と**迷いそうになったら「何《なに》かん如《じょ》セン」を思い出せ**。意味は「〜はどうか」だ。

答 **皆之《みなこれ》を好《この》まば何如《いかん》**　〈現代語訳〉村人がみんなこれに好感を持てばどうか

⑥前問とは逆で文末にくる疑問表現の「如何」は**「いかんせん」**。迷ったら「何かん如セン」。訳は「〜をどうしようか?」だ。

答 **朋友《ほういう》の際《さい》は如何《いかん》せん**　〈現代語訳〉友人とのつきあいはどうしようか

⑦「奈何」は文末ではないから**「いかんぞ」**と読み「どうして〜か?」と訳す。

答 **陛下《へいか》獨《ひと》り奈何《いかん》ぞ中道《ちゅうだう》にして之《これ》を諸侯《しょこう》に棄《す》つるや**　〈現代語訳〉私めは最初の武装蜂起から皇帝陛下に従ってまいりました。（いまになって）どうして陛下だけが途中で私を諸侯の間にお捨てになるのか

⑧「如二〜一何」はちょっとびっくりする形であると思うが文末の**「如何」**と同じことで**「いかんせん」**と読めばよい。不安ならP.66の『反語』をみておいてほしい。

答 **此《こ》の良夜《りやうや》を如何《いかん》せん** 〈現代語訳〉月が輝き風がひんやりしている。このすばらしい宵をどうしようか（どうしようもないくらいすばらしい。）

⑨「何能《なんゾよク》」だから一字の「何をか」と間違えないように。読みは「なんぞよく」、現代語訳は「どうして～できるのか？」だ。

答 **何《なん》ぞ能《よ》く爾《しか》ると** 〈現代語訳〉（質問するが）、どうしてそのようにできるのか

練習問題の中にいろんなパターンが出てきたから、疑問形はしっかりマスターできただろう。そこで、『疑問』形をより確実にするために、実際の入試問題を何題かやっておこう。

入試問題

次の文章を読んで、後の問いに答えよ。（設問の都合で訓読・送りがなを省略したところがある）

商《ノ》太宰使《ム》二少庶子《ヲシテ》之《ゆカ》レ市《いちニ》。顧《かヘリテ》反而問《ヒテ》レ之《ニ》曰《ク》、「何見《ミタルト》二於市《いちニ》一」

問 傍線部「何見二於市一」を書き下し文に改めよ。

〈東大〉

〔解き方〕傍線部の「何」をみて、間違った参考書で勉強した者は「なんぞ」と読むべきか、「なにをか」と読むべきか迷うところであるが、『疑問』の公式をここまでキチンと勉強してきていたら大丈夫だ。**一字の「何」**は**「なにをか」**だったネ。したがって「なにをか」と読んで、それでおしまい。もちろん、『反語』に読む場合もあるが、傍線部の前に「質問」の「問《とフ》」があるから、これは当然『疑問』で答えるべきだ。『疑問』であることに疑問なし。

答 **何《なに》をか市《いち》に見《み》たると** 〈現代語訳〉市場で何を見たのか

東大といっても恐れるに足りなかっただろう。では次に、東大より難しい二松学舎大の問題をやってみよう。この大学は、もともと漢文専門学校であり、漢籍好きの夏目漱石がわざわざ当時の受験校であった府立一中（今の東京都立日比谷高校）を退学してまで入学した学校なのだ。だから、この大学の漢文は難しいゾ。

入試問題

問 **次の文をすべてひらがなで書き下し、現代語訳せよ。**

子《し》何不レ慎《つつしマ》レ言《げんヲ》。

〈二松学舎大・文〉

〔**解き方**〕難しいぞ、とおどかしたが、**「何不」**という熟語に慣れていれば問題はない。『疑問』で慣れることに示したが、**「なんぞ～ざる」**と読み、現代語訳は**「どうして～しないのか」**である。さらに「ざる」は未然形接続だから「慎まざる」となる。なお、この問題の「子」は「あなた」の意味（P.148参照）。

答 〈書き下し文〉**しなんぞげんをつつしまざる。**〈現代語訳〉**あなたはどうして言葉を慎まないのか。**

「何《なんゾ》不《ざル》二～一」の問題をやったので、『反語』の用例で「何ぞ」と訓読する場合の問題をやっておこう。「何不」「何能」「何可」「何必」は「なんぞ～」であることを思い出して、やってみよう。

入試問題

次の文章を読んで、後の問いに答えよ。（設問の都合で、送りがなを省略したところがある）

王《わう》子《し》猷《いふ》嘗《かつテ》暫《しばらク》寄《リテ》二人《ノ》空宅《ニ》一住《ムニ》、便《チ》令《ム》レ種《うヱ》レ竹《ヲ》。或《ヒト》問《フ》、「暫《ク》住《ムニ》何《ゾ》煩《フヤト》レ爾《しかスルヲ》。」王嘯詠《スルコト》良《やや》久《ひさシウシテ》直《ただ》指《シテ》レ竹《ヲ》曰《ク》、「①何可三一日《トシテ》無二此君一。」（中略）王《わう》曰《ク》、吾《われ》本《もと》乗《ジテ》レ興《きやう》ニ而行《キ》、興盡《つキテ》而返《ル》。②何必見《まみエン》レ戴《たい》ニ。」

○見ユ…会う　○戴…人名

問一 傍線部①「何可三一日無二此君一。」を⑴書き下し文に改め、⑵訳せ。

問二 傍線部②「何必見レ戴。」を現代語訳せよ。

〈三重大〉

〔解き方〕問一の傍線①は**「何可」**という**『反語』表現の熟語**だから、「何」一字の場合の「なにをか」ではなく**「なんぞ～べけんや」**と読むパターンだ。そして、反語の「べし」は**「べけんや」**（↓P.69④参照）。さらに「無し＋べけんや」の読みについては「無かるべけんや」が正しい（P.57参照）。あとは『反語』の訳「どうして～できようか、いやできない」で訳せばよい。

次に問二の傍線部②は、『反語』表現の**「何必《なんゾかならズシモ》」**というパターンだ。「なんぞかならずしも～」と読み、「どうして絶対に～か、必ずしも～ではない」と訳す。

答 問一〈書き下し文〉⑴**何ぞ一日として此の君無かるべけんや。**〈現代語訳〉⑵**どうして一日たりともこの君なしでいられようか、一日たりともこの君なしではいられない。**問二〈現代語訳〉**どうして戴に会う必要があろうか、必ずしも会うことはない。**

最後の仕上げに「何為」「奈何」を含んだ問題をやっておこう。

入試問題

次の文章を読んで、後の問いに答えよ。（設問の都合で、訓点・送りがなを省略したところがある。）

昔、周人ニ有リ下仕ヘテ數ゝ《しばしば》不レ遇《あ》ハ、年老イテ白首トナリ、泣《きふ》ニ涕《てい》スル於途《みち》ニ一者《もの》上。人或《あ》リ問《と》フレ之《これ》ニ、「①何爲泣《な》ケル乎《や》ト。」對《こた》ヘテ曰《い》ハク、「吾《われ》仕《つか》フルニ數ゝ《しばしば》不レ遇《あ》ハ、自《みづか》ラ傷《いた》ム二年老《お》イ失《うしな》フヲレ時《とき》ヲ、是《ここ》ヲ以《もっ》テ泣ク也《なり》ト。」人曰ハク、「②仕《つか》フル二奈何不《ざ》ル二一《タビモ》遇《ハ》一也《やト》。」

○仕《つかフ》…仕官する　○遇《あフ》…出世する

問一 傍線部①「何爲」をすべてひらがなで読め。**〈熊本大〉**

問二 傍線部②「仕奈何不二一遇一也。」を現代語訳せよ。**〈東大〉**

〔解き方〕問一。「何爲」は公式のとおり**「なんすれぞ」**と読めばよい。カンタン、カンタン!!
問二。「奈何」は文末ではないので「いかんぞ～」と読み、現代語訳は「どうして～か」。さらに「不《ざル》」があるから、「どうして～ないのか」が訳の基本となり、あとは注を使って「一遇」を訳すと、「仕官をしてどうして一回も出世できないのだろうか」となる。

答 問一 **なんすれぞ** 問二〈現代語訳〉**仕官をしてどうして一回も出世できないのだろうか**

田中先生のFAQ

Q 『疑問』の末尾は「や」？ それとも「か」？

A 『疑問』の副詞があれば「や」と読む

「何爲《なんすレゾ》不《ざル》レ去《さラ》也《や》」を、「なんすれぞさらざる」まで読み、最後を「や」と読むか、「か」と読むかを悩む受験生は多い。文末の助字「也、乎、哉」などがなければ読む必要もないので心配はいらないが、『疑問』の末尾の助字は「や」か、それとも「か」と読むべきか？ ほとんどの参考書は

終止形	＋や
連体形・体言＋か	

としているが、これは完全な誤り。用例分析から抽出された本当の訓読原則は次のとおり。

◎現代語の「どうして」にあたる「なんすれぞ（何爲）」「いかんぞ（如何）」など、「な」と「い」から始まる「疑問」の副詞があれば、文末の助字は「や」と読む。
◎『疑問』の副詞にあたる表現がなければ「か」と読む。
なお、「や」と「か」の直前はいずれも連体形である。

連体形＋や
連体形・体言＋か

例 ▼「や」と読む場合
何爲《なんすレゾ》不《ざル》レ去《さラ》也《や》（なんすれぞさらざるや）〈孔子家語〉
※「どうして」（何爲）があるので文末の助字「也」は「や」と読む。
▼「か」と読む場合
爲《ためニ》レ人《ひとノ》謀《はかリテ》而不《ざル》レ忠《ちゅうナラ》乎《か》（ひとのためにはかりてちゅうならざるか）〈論語〉

■唯一の例外→〜や〜や
在《あリヤ》不《いなヤ》→ありやいなや……「や」はラ変動詞だけは終止形に接続。
なお、「終止形＋や」の例である「ずＩや」は『詠嘆』であるから、間違った参考書にまどわされないようにしてくれ。

例 亦《まタ》不《ず》レ悲《かなしカラ》乎《や》
亦《ま》た　悲しから　ず　や
＝　＝
なんと悲しいことでは　ない　か

いがよみ

7 『限定』・『累加』の公式
――みんな忘れる語尾の「ノミ」

またまた受験生には罪な例をあげるが、かわいい子から「私が好きなのはあなただけよ」と言われたら、身も心も溶けそうになり、何もかも振りすてて恋の道に突き進むのは、漢民族も大和民族も、そして昔も今も変わらない。といっても、別にここで恋の講義をするわけではなくて、かんじんなのは漢文。この「あなただけよ…」という万国共通の殺し文句を漢文で表すと、次のようになる。

「我《わガ》好《このム》者《は》獨《ひとり》君《きみノミ》」

訓読は「我が好むは獨り君**のみ**」だ。

この例文のように「獨《ひとり》――のみ」「唯《ただ》――のみ」というパターンを『限定』というが、ここで大事なのは「獨《ひとり》」「唯《ただ》」という漢字がきたときに、**「のみ」**という送りがなを忘れないことだ。「獨《ひとり》」とか「唯《ただ》」という漢字の読みは誰でもわかる。だから受験で覚えることは、「**唯《ただ》・獨《ひとり》**」という漢字を見て**「のみ」**をつけることだけだ。つまり「唯《ただ》・獨《ひとり》」という漢字以外《いがい》の読《よ》み（**いがよみ**）である**「のみ」**が勝負を決める。あとは、「ただ」と訓読する漢字グループを眺めて、しっかり頭に入れ、**「のみ」**と読む「耳《のみ》」「而已《のみ》」に慣れればよい。「のみ」を忘れる受験生があまりにも多いため、ここが合否の分かれ目となる。

限定の"いがよみ"公式

覚えること

〝いがよみ〟「のみ」。

「のみ」の上は「連体形」→「唯《タ ダ》――《ノミ》」、「獨《ひとり》――《ノミ》」

慣れること

①「たダ」と読む漢字→「唯」「惟」「祇」「只」「徒」「直」「特」「但」

（注）「たダニ～」という訓読もあるが気にするな。

②「ひとリ」と読む漢字→「獨」

③「のみ」と読む漢字→「耳」「而已」（他の漢字は入試に出ない）

（注）「自《よリハ》レ非《あらザル》レ～《ニ》。」→「～でなければ」という表現もあるが入試には出ない。

次に、『**累加**』といわれる句形を説明しよう。『累加』とは「積み重ねる」という意味であり、**「AだけでなくBも……」**という形で、AにBを積み重ねていく。この『累加』で入試に出るのは次のものだけ。特に、**「のみならんや」**という長い〝**いがよみ**〟をしっかり覚えることだ。

累加の“いがよみ”公式

覚えること

豈《あに》二 惟《た》ダニ A一ノミナランヤ……

不《ず》二 惟《た》ダニ A一ノミナラ……

非《あら》ズ二 惟《た》ダニ A一ノミニ……

［読み］**豈《あに》惟《た》だにAノミナランヤ**
［意味］**Aだけであろうか、いやAだけでなく……**

［読み］**惟《た》だにAノミナラズ**
［意味］**Aだけでなく……**

［読み］**惟《た》だにAノミニ非《あら》ズ**
［意味］**Aだけでなく……**

「……のみならず」はカンタンに慣れてしまうから、『累加』では、とにかく**「豈惟～ノミナランヤ」（豈《あに》惟《た》だに～のみならんや）を覚えてしまえばいい。**

それでは早速、練習問題をやってみよう。「ただ」と読む漢字グループを「ただ」と読んで、〝いがよみ〟「のみ」を忘れなければそれでよい。なお、「耳《のみ》・而已《のみ》」は重要漢字のところで確認しよう（↓P.157参照）。

練習問題

問 傍線部を、(a)漢字かなまじりで書き下し、(b)現代語訳せよ。

① 唯見二長《ちやう》江《かう》ノ天《てん》際《さい》ニ流《なが》ルルヲ一。

○長江…揚子江　○天際…地平線

② 但聞二人《じん》語《ご》ノ響《ひびき》ヲ一。

③ 祇辱二於奴隷人之手一ニ。

○辱《はずかし》ム…侮辱する

○於…「於」の上に動詞があるから受身。終止形では「辱しめらる」と訓読する。

④ 秦《しん》城《じやう》恐《おそ》ラクハ不レシテ可レカラ得《う》、徒見レ欺カ。

○見《る》…受身

⑤ 惟有二黄《くわう》昏《こん》鳥《てう》雀《じやく》ノ悲シムコト一。

○黄昏…たそがれ時　○鳥雀…小さな鳥

⑥ 獨有㆓因《よ》リテ㆑夜《よる》ニ以テ㆑火《ひ》ヲ攻《せ》ムルコト㆒㆑虜《りょ》ヲ。

○因夜…夜の闇を利用して　○虜…蛮族

［解き方］①「ただ〜のみ」の「のみ」を忘れなければよろしい。ここでは、「見《みル》」に「のみ」をつける。

答 (a)〈書き下し文〉**唯《た》だ長江《ちやうかう》の天際《てんさい》に流《なが》るるを見《み》るのみ**　(b)〈現代語訳〉**ただ揚子江が地平線まで流れていくのが見えるだけだ**

②これも同じく「但《た》ダ」と読んで「聞《きク》」に「のみ」を忘れなければよろしい。

答 (a)〈書き下し文〉**但《た》だ人語《じんご》の響《ひびき》を聞《き》くのみ**　(b)〈現代語訳〉**ただ人の話し声が聞こえてくるだけだ**

③これも、「祇《た》だ」と読んで「辱」に「のみ」を忘れなければよいのだが、**「のみ」の上は「連体形」**だから「辱《はずかし》めらるのみ《終止形》」では誤りで、「辱めらるるのみ《連体形》」が正解。

答 (a)〈書き下し文〉**祇《た》だ奴隷人《どれいじん》の手《て》に辱《はづかし》めらるるのみ**　(b)〈現代語訳〉**ただ奴隷の手によって侮辱されるだけだ**

④「見《る》」は受身を表している。「見」に「のみ」をつけるのだが、「のみ」は連体形接続なので「るるのみ」となる。（P. 23参照）

答 (a)〈書き下し文〉**徒《た》だ欺《あざむ》かるるのみ**　(b)〈現代語訳〉（おそらく秦の城を手に入れることはできず、）**ただだまされるだけだ**

⑤「有り」というラ変動詞の連体形「有る」に「のみ」をつけてでき上がり。

答 (a)〈書き下し文〉**惟《た》だ黄昏鳥雀《くわうこんてうじゃく》の悲《かな》しむこと有《あ》るのみ** (b)〈現代語訳〉**ただたそがれ時に小鳥たちが悲しむだけだ**

⑥「獨《ひと》り」と読んで、「有り」というラ変動詞の連体形「有る」に「のみ」をつけてでき上がり。

答 (a)〈書き下し文〉**獨《ひと》り夜《よる》に因《よ》りて火《ひ》を以《もっ》て虜《りょ》を攻《せ》むること有《あ》るのみ** (b)〈現代語訳〉**夜の闇を利用して火で蛮族を攻撃する方法しかない**

今度は実際の入試問題で『限定』の仕上げをしておこう。

入試問題

問 **次の文の傍線部をすべてひらがなで書き下し文に改めよ**（設問の都合で、訓点・送りがなを省略したところがある。）

古《こ》人《じん》云《いフ》、「百《ひゃく》姓《せい》不《ずンバ》レ足《たラ》、君《きみ》孰《たれト》与《ともニカ》足《たラン》。」唯使二倉庫可レ備二凶年一。

〇百姓…人民

〈新潟大〉

〔解き方〕まず、使役の「使」があるから、「使」のすぐ下の名詞「倉庫」に、〃いがよみ〃「をして」をつける。また「べし＋しむ」は「べからしむ」となる。すると、「倉庫をして凶年に備ふべからしむ」まででき上がる。あとは「唯《たダ》～のみ」というパターンにあてはめるだけだが、絶対に最後の**「のみ」を忘れないこと**と、**「のみ」の上が「連体形」であること**に注意。

答 ただそうこをしてきょうねんにそなふべからしむるのみ

ほとんどの受験生は、『使役』の句形もできるし、「べからしむ」の処理も完璧なのだが、不思議と「のみ」を忘れてしまって、ここで大きく差がついてしまう。逆に言えば、この「のみ」という〃いがよみ〃を忘れなければ、絶対に合格するのだ。「唯《たダ》～のみ」を決して忘れないように。

では念のために、『累加』の問題も実際の入試問題で確認しておこう。

入試問題

次の文章は、唐の柳宗元が知人の赴任に際してその出発を見送りながら、官僚のあるべき姿について論じたものである。これを読んで、後の問いに答えよ。（設問の都合で送りがな・訓点を省略したところがある）

今《いま》受ケ㆓其《そノ》直《あたひヲ》㆒怠《おこたル》㆓其《そノ》事《ことヲ》㆒者《もの》、天下皆《みな》然《しか》リ。豈惟怠㆑之、又従而盗㆑之。

○直…給料　○事…仕事　○然《しか》リ…そうだ

問 傍線部はどう読むか、次の書き下し文のうちから適当なものを選べ。

1 あにただにこれを怠れば、また従ってこれを盗まんや。
2 あにただにこれを怠るは、また従ってこれを盗むのみならんや。
3 あにただにこれを怠り、また従ってこれを盗むのみならんや。
4 あにただにこれを怠るのみにして、また従ってこれを盗まんや。
5 あにただにこれを怠るのみならんや、また従ってこれを盗む。

〈上智大・文〉

〔解き方〕傍線部に「豈惟《あにた》ダニ　Aノミナランヤ」をあてはめてみる。

「豈　惟　A」→「豈　惟　怠レ　之」

Aにあたるのは「怠レル之《これ》ヲ」という部分だ。「のみならんや」という“いがよみ”は、「怠る」という「動詞の連体形」に接続するので「怠るのみならんや」となる。したがって、これを「豈惟だにAのみならんや」の形で読むと「豈惟《あにた》だに之《これ》を怠《おこた》るのみならんや」となって、正解にいたる。

答 5

田中先生の

FAQ

Q 動詞の読み方がわからない。「臣《しん》とす」？「臣《しん》す」？

A サ変動詞で訓読に迷ったら現代語の読みから類推せよ。

「勉強」という二字熟語にサ変動詞「す」をつければ、「勉強す」という動詞になる。このように、漢語にサ変動詞をつけるだけで動詞が生まれるため、サ変動詞は漢文訓読で多用されるが、漢語に「す」をつけただけではうまくいかない場合がある。

たとえば、「臣《しん》す」という訓読は存在せず、「臣とす」という訓読が行われている。サ変動詞で訓読に迷った場合の原則は次のとおり。

訓読は現代語の訳（現代語の読み）から逆算せよ

例

サ変動詞
臣下 **と** する
↓ ↓ ↓
臣 **と** す
サ変動詞

いがよみ

8 『部分否定』の公式
──部分否定は「ズシモ」と「ハ」

学校では『部分否定』と『全部否定』の両方を勉強する。たとえば「不必《ふひつ》」（必ずしも〜ない）が『部分否定』で「必不《ひつふ》」（必ず〜ない）が『全部否定』という説明を受けると思う。参考書も多くはこれにならっているが、これは大きな間違いだ。

そもそも、洗練された文章語としての漢文には、『全部否定』のようにすべてを否定してしまうような乱暴で野蛮な表現はほとんど存在しない。

したがって、『全部否定』は入試に出ない。だから、受験生諸君は**『部分否定』**だけを覚えればいいのだ。この点、さすがに教科書や教科書付属の指導書は、『部分否定』の次に『全部否定』を置いて、優先順位を明確にしている。

さて、『部分否定』を覚えることは「ずしも」と「は」という漢字以外《いがい》の読《よ》み〝いがよみ〟にほかならない。「必」という漢字が出れば「必ず**しも**」と読め。「常・倶・甚」という漢字が出れば、「常《つね》に・倶《とも》に・甚《はなは》だしく」とふつうに読むのではなく、全部「は」をつけて、「常《つね》に**は**・倶《とも》に**は**・甚《はなは》だしく**は**」と読めば、それでよろしい。

部分否定の"いがよみ"公式

慣れること

覚えること

必ズ → 必ズシモ

常ニ → 常ニハ

倶《とも》ニ → 倶ニハ

甚《はなは》ダシク → 甚ダシクハ

↓

不必 → 不必《ズシモ》

不常 → 不常《ニハ》

不倶 → 不倶《ニハ》

不甚 → 不甚《ダシクハ》

［読み］	［意味］
必ずしも～ず	→必ずしも～とは限らない
常には～ず	→常に～とは限らない
倶には～ず	→両方とも～とは限らない
甚だしくは～ず	→それほど～とは限らない

（注）ほかの漢字は用例が少ないため試験には出ない。

〝いがよみ〟の「ずしも」と「は」を忘れないうちに練習問題をやっておこう。

練習問題

問 傍線部を書き下し文にせよ。

① 不甚喜《き》悦《えつ》。

○喜悦…よろこぶ

② 師《し》不三必賢《けん》ナラ二於弟《てい》子《し》ヨリ一。

○師…教師　○弟子…生徒　○賢《けん》ナリ…頭がよい

③ 家《いへ》貧《ひん》ニシテ不二常得レ油ヲ。

○得《う》…手に入れる

④ 不二倶戴《いただ》カレ天《てん》ヲ。

○戴天…（生きて）天を（頭の上に）戴く

〔解き方〕① **「不甚」**で『部分否定』。したがって「甚」は「甚だしく**は**」だ。これででき上がり。

答 **甚《はなは》だしくは喜悦《きえつ》せず** 〈現代語訳〉それほどよろこびはしなかった

② **「不必」**で『部分否定』。したがって「必」は「必ずし**も**」。また「於」は『比較』を表し、「弟子より」となる（↓P.49参照）。

答 **師《し》必《かなら》ずしも弟子《ていし》より賢《けん》ならず** 〈現代語訳〉必ず**し**も教師のほうが生徒より頭がよい**とは限らない**

③『部分否定』は**「不常」**。したがって「常」は「常に**は**」と読む。

答 **常には油《あぶら》を得《え》ず** 〈現代語訳〉家が貧しいのでいつも油を手に入れることができる**とは限らなかった**

④『部分否定』は**「不倶」**。したがって「倶」は「倶《とも》に**は**」。これででき上がりだ。

答 **倶《とも》には天《てん》を戴《いただ》かず** 〈現代語訳〉両方とも（生きて）天を（頭の上に）戴く**とは限らない**

（注）「どちらかは必ず死ぬ」という意味で、ここから「不倶戴天の敵」（必ず殺すべき憎い敵）という表現が生まれた。

『部分否定』でやっておくことは、たったこれだけである。それでは、自信をもって実際の入試問題をやってみよう。

入試問題

問 「甚ダシクハ解スルコトヲ求メズ」の語順として最も適当と思われるものを次の中からひとつ選びなさい。

a 甚不レ求レ解

b 不レ求二甚解一

〈南山大・文〉

〔解き方〕「甚ダシクハ～ズ」から、この文章が『部分否定』になっていることがわかる。そして、『部分否定』を表すのは「不甚」。したがって「不甚」となっているｂが正解ということになる。

しかし、もっとカンタンに考えればいい。**入試に出るのは『部分否定』の「不必」「不常」「不倶」「不甚」**。いつも「**不**」が先にくる。したがって、迷うことなく「不」が「甚」の前にくるｂが正解。『全部否定』など余計なことを知らなければ逆立ちしたってできるのだ。

答 b

もう一題、入試問題をやっておこう。これは「不常」の変形「未常」の読みを問う問題だ。

入試問題

問　次の文の傍線部をすべてひらがなで書き下せ。

夫《そ》レ國《くに》ニ有《あ》リテ善《ぜん》政《せい》、而徳《とく》澤《たく》不《ざ》ル加《くは》ハラ於民《たみ》ニ者《は》、政《まつりごと》雖《いへど》モ善《ぜん》ト、未常入民也。

○夫《そ》レ…そもそも、一般に　○徳澤(沢)…恩恵　○政《まつりごと》…政治　○入ル…及ぶ

〈大阪大〉

〔解き方〕「常に」に「は」をつければ「常には」となる。また、「未」は「いまだ〜ず」という再読文字（↓P.142参照）なので、「いまだ常には民に入らず」となる。さらに、「なり」は「連体形接続」なので、「ず＋なり」は「ざるなり」となる。こうして「いまだ常には民に入らざるなり」ができる。

不《ず》亦《ま》タ易《やさ》シカラ乎《や》！（亦《ま》た易《やさ》しからずや。なんとカンタンではないか）

答　いまだつねにはたみにいらざるなり

田中先生の

FAQ

Q 「亦《ま》た楽しからずや」は『反語』か『詠嘆』か?

A 「ずや→ないか」の読みと訳のみおさえておこう

多くの参考書は、「亦《ま》た楽しからずや」を『疑問』・『反語』の句形で整理しているが、それは「楽しからずや→楽しいことではないか? いや、本当に楽しい」と説明できるからなんだ。しかし、この分類がかえってキミタチ若者の誤解を招く原因となっている。たしかに、「楽しいことではないか」という表現をよく考えれば「楽しくないか、いや楽しい」と分解できるが、メンドウくさいよね。試験ではこの「亦《ま》た楽しからずや」が『反語』か『詠嘆』かを問うような問題はなく、読みと現代語訳しか質問されないから、とにかく「ずや→ないか」という部分だけをおさえておこう。

ちなみに、広島語の「〜じゃのう」は典型的な『詠嘆』表現である。たとえば、「かわいそうじゃのう」という表現を東京語に翻訳すると次のとおり。

かわいそうじゃのう　※「じゃ」は断定の助動詞、「のう」は打消の助動詞

←

じゃない（か）

←

ではないか

いがよみ

9 『仮定』・『二重否定』の公式

―「ズンバ」と「クンバ」でルンバを踊れ

「平家にあらずんば人にあらず」という言葉は知っているだろう。「平家でなければ人間ではない」という意味であり、平家一門のおごりを示す言葉として有名だ。ところで、ポイントは平家ではなくて、この「〜でなければ」にあたる「〜ずんば」こそが漢文特有の読みであり、また受験を制する漢字以外の読み〝いがよみ〟なのだ。

はじめの「平家にあらずんば人にあらず」を漢文で書くと「非《あらズンバ》二平家《ニ》一非《あらズ》レ人《ニ》」となり、「あらずんば…（でなければ…）」が『仮定』であるが、この「あらずんば」の**「ずんば」**、および「なくんば」の**「くんば」**、この二つが読めればもう正解はバッチリだ。『二重否定』（…でないことはない）の「未《ず》二嘗《いまダかつテ》不《ずンバアラ》レ〜」（まだ〜ないことはない）でも、「ずんば」という読みを知っているかどうかで合否が決まる。

便利な話だが、訓読の選択肢問題で、「ずんば」「くんば」を含む選択肢があれば、それを正解にしてもよい。

例をあげる。国学院大文学部の入試で、「非哲者安可識之矣」の書き下し文として、最も適当なものを、次の選択肢の中から一つ選ぶ問題があった。

（P.114に続く）

仮定・二重否定の“いがよみ”公式

覚えること

①ずんば

「不《ず》レA《ンバ》（セ）不《ず》レB」
［読み］A（せ）ずんばBず
［意味］A（し）なければBではない

「非《あら》ズンバレAニ不《ず》レB」
［読み］Aに非《あら》ずんばBず
［意味］AでなければBではない

「未《いま》ダ《ず》二嘗《かつ》テ不《ず》ンバアラレA」（セ）
［読み］いまだ嘗《かつ》てA（せ）ずんばあらず
［意味］A（し）ないことはない（必ずAする）

②くんば

「無《な》クンバレA不《ず》レB」
［読み］AなくんばBず
［意味］AでなければBではない

「（苟《いやシクモ》）如《ごとクンバ》レAノ（則《すなはチ》）…」
［読み］苟《いや》しくもAの如くんば則《すなは》ち
［意味］Aのようであれば

（注）①句形として覚えようとするとややこしくなるから、とにかく「ずんば」「ずんばあらず」「なくんば」「ごとくんば」の4つだけを覚える。
②「くんば」には「べくんば」もあるが、出題者が「べくんば」を正解にしたいときは、「…べくんば、すなわち…」の形にして、条件であることを明示してくれる。

ア　非哲者は安くんぞ之を識るを可とせん
イ　哲者に非ずんば安くんぞ之を識るべけん
ウ　哲を非とする者安んじて之を識るべけん
エ　哲者の安んずるを非とすれば之を識るべし
オ　哲者識るべくんば非も安んぜん

まったくあっけない話だが、オの「べくんば」は、P.113（注）②の「すなわち」にあたる漢字がないから正解にならない。だから「ずんば」を含むイが正解だ。

答 イ

もう一例。大学入試センター試験に出題されたもので、やはり「未嘗不同也」の読みを選択する問題だ。選択肢は次のとおり。

① いまだかつておなじからざることなからんや
② いまだかつておなじからざらんや
③ いまだかつておなじからざることあらざるや
④ いまだかつておなじからざるなり
⑤ いまだかつておなじからずんばあらざるなり

これも**「ずんば」**を含む⑤が正解。これではあまりに簡単すぎるが、まさにこれが選択肢で「ずんば」が問われる場合の実態なのだ。

答 ⑤

それでは、P.113の公式をもう一度しっかり眺めて、早速、練習問題をやってみよう。

練習問題

問 **傍線部を書き下し文にせよ。**

① 民《たみ》無レ信《しん》不《ず》レ立《た》タ。

○信…信用　○不立…政治が成り立たない

② 伯《はく》夷《い》ハ非二其《そ》ノ君《きみ》ニ一不《ず》レ事《つか》ヘ、非二其《そ》ノ民《たみ》ニ一不《ず》レ使《つか》ハ。

○伯夷…殷代の賢人。清廉潔白の代表　○其《そ》ノ…ここでは周に滅ぼされた「殷の」の意

③ 奥《おう》妙《みょう》之《の》言《げん》ハ古《こ》人《じん》未二嘗不レ説《と》カ耳《のみ》。

○奥妙之言…深遠な真理を含んだ言葉　○古人…ここでは「昔の思想家」の意

④ 未三嘗不二廢《はい》シテレ書《しょ》而歎ゼ一也。

○廢書…本を閉じる　○歎《たん》ズ…ため息をつく

⑤ 閑《かん》居《きょ》未二嘗一日《いちじつ》トシテ無レ客《かく》。

○閑居…（権力闘争に敗れて失脚し）政治の中枢から離れる

⑥ 客《かく》至《いた》ラバ未二嘗不レ置《お》カレ酒《さけ》ヲ一。

○置酒…酒を出してもてなす

⑦ 不レ入《い》ラ二虎《こ》穴《けつ》ニ一、不《ず》レ得《え》二虎《こ》子《じ》ヲ一。

〔解き方〕⑴「無」は、「無～不」の形だから「～無くんば」と読む。あとは返り点にしたがって読めばよい。

答 **民信《たみしん》無《な》くんば立《た》たず**　〈現代語訳〉人民に信用がなければ政治が成り立たない

⑵二つの「非」はいずれも「非～不」の形なので「非《あら》ずんば」と読む。あとは「非《ズンバ》レAニ不レB」にあてはめて、「Aに非ずんばBず」と読めばよい。

答 **伯夷《はくい》は其《そ》の君《きみ》に非《あら》ずんば事《つか》へず、其《そ》の民《たみ》に非《あら》ずんば使《つか》はず**　〈現代語訳〉伯夷は殷の君主で

なければ仕《つか》えず、殷の人民でなければ使わなかった

③みてわかるとおり「未《いまダ》《ず》三嘗《かつテ》不《ず》二〜《ンバアラ》一」の形である。これにあてはめて読めばいいのだが、ポイントは「耳」。「耳」は重要漢字（↓P.157参照）だ。助詞「のみ」は「連体形」に接続するので、**「ずんばあらず＋のみ」**は「**ずんばあらざるのみ**」となる。（P.69⑥参照）

答 **未《いま》だ嘗《かつ》て説《と》かずんばあらざるのみ** 〈現代語訳〉昔の思想家は**必ず**深遠な真理を含んだ言葉を説いた

④前問③と同じように公式にあてはめるだけ。公式どおりに読むと「未《いま》だ嘗《かつ》て書《しょ》を廢《はい》して歎《たん》ぜず**んばあらず**」となるが、最後に連体形接続の「なり」があるから「ず」は連体形となって「ざるなり」となる。なお「而」は置き字で読まない。

答 **未《いま》だ嘗《かつ》て書を廢して歎《たん》ぜずんばあらざるなり** 〈現代語訳〉（その話を読むたびに）**必ず**本を閉じてため息をついた

⑤「不」の代わりに「無」が使われていて、ちょっと変形だが、でも大丈夫だ。「未《いまダ》嘗《かつテ》」は同じ。「無」は公式どおり「**無《な》くんば**」と読む。したがって「未嘗無〜」は「いまだかつて〜**なくんばあらず**」となる。

答 **未《いま》だ嘗《かつ》て一日《いちじつ》として客《かく》無《な》くんばあらず** 〈現代語訳〉（失脚して）政治の中枢から離れても毎日必ず客が来た（一日として客のない日はなかった）

⑥この問題の「未嘗不〜」はカンタン。ただ単に「いまだかつて〜ずんばあらず」と読めばよい。

答 **未《いま》だ嘗《かつ》て酒《さけ》を置《お》かずんばあらず** 〈現代語訳〉客が来れば、**必ず**酒を出してもてなした

⑦これは典型的な「不レA不レB」の文で、「**〜ずんば〜ず**」と読めばよい。

答 **虎穴《こけつ》に入らずんば、虎子《こじ》を得《え》ず**〈現代語訳〉虎の穴に入らなければ、（貴重な）虎の子を手に入れることはできない（これは、「冒険しなければ成功しない」という意味のことわざだ）

なお、「ずんば〜ず」や「〜なくんば〜ず」は「は〜でなければ〜ではない」という訳なので、『否定を含んだ仮定形』とも言われるが、「不」や「無」が試験に出たら、それを「**不《ず》んば・無《な》くんば**」と読めば、受験はうまくいく。難しいことを覚える必要はない。

では最後に仕上げとして入試問題を二題やってみよう。

最初は東大の問題。東大の問題は非常にオーソドックスであり、いわゆる「基本しか問わない」主義であるからすぐにできるはずだ。漢文に関しては上智大や法政大、九大などの問題のほうがよっぽど難しい。

入試問題

次の文を読んで後の問いに答えなさい。

自《より》レ此《これ》之《の》後《のち》、欲《ほっスレバ》レ發《はっセント》二天《てん》下《か》之《の》大《だい》事《じヲ》一、未嘗不獨《ひとり》寝《いネ》。

問 傍線部について、漢字かなまじりの書き下し文にし、現代語訳せよ。 **〈東大〉**

〔解き方〕**「未《いまダ》二嘗《かつテ》不《ず》レ～《ンバアラ》」の公式**にあてはめると「未《いま》だ嘗《かつ》て獨《ひと》り寝《い》ね**ずんばあらず**」となる。読みはたったこれだけ。また、現代語訳は、「～ないことはない→**必ず**～する」を使って、「必ず一人で寝た」となる。あまりに基本的すぎて信じられないかもしれないが、本当に東大で出題された問題なんだ。

答 〈書き下し文〉**未《いま》だ嘗《かつ》て獨《ひと》り寝《い》ねずんばあらず**　〈現代語訳〉**必ず一人で寝た**

ここの「獨」は限定（ただ～だけ）の意ではなく「一人で」の意。「…ノミ」の読みはともなわない。

次は、もう少し手応えがある問題だ。

入試問題

問 **次の文の「苟如レ此」はどう読むか、ひらがなばかりで記せ。**

天《てん》運苟如レ此且《しばらク》進《すすメン》二盃《はい》中《ちゅうノ》物《ものヲ》一

〈日本大・商〉

〔解き方〕「如《ごと》し」の前に「苟《いや》しくも」があったり、後ろに「則《すなは》ち」があったら、「如し」は「如《ごと》くんば」と読む。忘れていたらもう一度、公式の確認を。重要漢字「苟」「如レ此」の読みはそれぞれP.143を参照のこと。すると「苟如レ此」は「苟《いや》しくも此《かく》の如《ごと》し→苟《いや》しくも此《かく》の如《ごと》くんば」となる。

答 **いやしくもかくのごとくんば**

念のためもう一問、広島大の問題もやっておこう。

入試問題

問 **次の文章は、蘇軾《そしょく》が亡くなった妻に捧げた作品の一節である。これを読んで、傍線部「未嘗不問知其詳」を書き下し文に改めよ。**（設問の都合で、訓読・送りがなを省略したところがある）

君之未レ嫁《ダ》《セ》ルヤ、事《つかへ》二父母一ニ、既ニ嫁《シテハ》、事《つかフ》二吾ガ先君先夫人一ニ。……

軾有《レバ》レ所レ為《ス》二於外一ニ、君未四嘗不三問知二其詳一。

〈広島大〉

〔解き方〕「未《いまダ》三嘗《かつテ》不《ず》二 ～ 一」（未だ嘗て～ずんばあらず）の部分は読めるだろう。あとは訓点にしたがって読めば「問《とヒテ》知《しル》二其《そノ》詳《しょうヲ》一」（問ひて其の詳を知る）となり、「知る」を未然形にして「知らずんば」とすれば正解ができる。

答 **未だ嘗て問ひて其の詳を知らずんばあらず**

受験対策には「ずんば」「くんば」で十分だが、超難関校をねらう人に、このあとで『二重否定』をもう少し説明しておこう。

補講

超難関校を受験する人に

重要なことは、「**二重否定は強い肯定であり、『必ず、みんな』が現代語訳のポイント**になる」ことだ。

たとえば、「ここに小便すべからず」という立て札があれば、それは「オシッコをしてはいけない」という意味であるが、もしこの文章が「ここに小便せざるべからず」であったならば、これは「ここにオシッコをしないわけにはいかない」→「ここにオシッコをしなければならない」→「ここに必ずオシッコをせよ」となってしまう。

すなわち、ここでは「～しなければならない」という二重否定が「必ず～」というように、強い肯定になっているのだ。この強い肯定をきちんと表現するのが現代語訳のポイントだ。

そこで、漢文の二重否定の訳が強い肯定になるもののうち、入試に出るものをまとめると次のページのとおり。ただし、覚えることは、「必ず、みんな」という強調表現のみだ。

『二重否定』の補講

覚えること
＝（注意点）『二重否定』は「必ず、みんな」強い肯定

［読み］［意味］

「不《ず》レ可《べ》カラレ不《ざ》ルレ～（セ）」……～（せ）ざるべからず——～（し）なければならない←必ず～せよ

「莫《な》シレ不《ざ》ルハレ～（セ）」……～（せ）ざるはなし——～（し）ないものはない←みんな～する

「莫《な》シレ非《あら》ザルハレ～二」……～にあらざるはなし——～ではないものはない←みんな～だ

「無《な》シ二Aトシテ不《ざ》ルハレB（セ）」……Aとして B（せ）ざるはなし——AでB（し）ないことはない←Aなら必ずBする

「無《な》シ二Aトシテ無《な》キハレB」……Aとして Bなきはなし——AでBがないものはない←Aなら必ずBがある

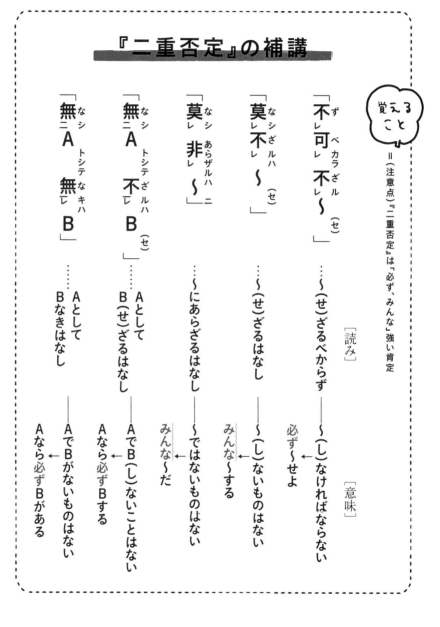

覚えることをしっかり見たら、早速、練習問題をやってみよう。繰り返すが、『二重否定』の表現があったら、現代語訳は「**必ず**」「**みんな**」と強調表現を忘れないこと。

練習問題

問 **傍線部を、ⓐ書き下し文にし、ⓑ現代語訳せよ。**

① 父《ふ》母《ぼ》之《の》年《とし》ハ不可不知《し》ラ也《なり》。

② 偶《たま》々《たま》有《あ》リ二名《めい》酒《しゅ》一、無二夕《ゆふべ》不レ飲《の》マ。

③ 父《ふ》子《し》君《くん》臣《しん》夫《ふう》婦《ふ》ハ、無シ二国無レ之《これ》。

④ 普《ふ》天《てん》之《の》下《もと》、莫レ非二王《わう》土《ど》ニ一。

〔解き方〕① 「不《ず》レ可《べ》カラレ不《ざ》ルレ～」は「～ざるべからず」であるが、「連体形接続」の「なり」に続くので「ざるべからざるなり」となる（P.69⑥参照）。また、現代語訳は「～しなければならない」に「必ず」を補って、強調表現で訳す。

答 ⓐ〈書き下し文〉**父《ふ》母《ぼ》の年《とし》は知《し》らざるべからざるなり** ⓑ〈現代語訳〉**父母の年は必ず知らなければならない**

②「無ニA不レB」の形がそのままあてはまる。気をつけるのは「夕《ゆふべ》」を「夕《ゆふべ》として」、「不レ飲《のマ》」を「飲まざるは」とすること。その点に気をつけて、「AとしてBざるはなし」と読み、「Aなら必ずBする」と現代語訳すればよい。

答 (a)〈書き下し文〉**夕《ゆふべ》として飲《の》まざるは無《な》し** (b)〈現代語訳〉(たまたま名酒が手に入り、)**夕方になると必ず飲んだ** (↑夕方に飲まないことがなかった)

③「無ニA無レB」の形だ。これも「無《シ》ニA《トシテ》 無《キハ》レB」と〝いがよみ〟に注意する。「国として之無きは無し」と読み、直訳は「国でこれがないものはない」となる。答えをみる前に、この直訳をとっさに強調表現にしてみてほしい。

答 (a)〈書き下し文〉**国《くに》として之《これ》無《な》きは無《な》し** (b)〈現代語訳〉(父子、君臣、夫婦の関係は、)**どんな国でも必ずある**

④「莫《なシ》レ非《あらザルハ》ニ 〜ニ」の形。〝いがよみ〟に気をつければ読みはカンタンだろう。現代語訳は、直訳すると「王土でないものはない」だが、点数を取りたいのなら、強調表現の「みんな」を忘れないこと。

答 (a)〈書き下し文〉**王土《わうど》に非《あら》ざるは莫《な》し** (b)〈現代語訳〉(広い空の下、)**みんな王の土地である**

いがよみ 10

『抑揚』の公式
―「スラ」すら覚えよ、語尾の「ヲヤ」

私は大学院在学中の貧乏時代に結婚した。その結婚式には、何をやってもモテないためになかなか結婚できないが、一流企業に勤めるエリートサラリーマンのＩ君も来ていた。披露宴の席上で口の悪い私の友達たちが「あの貧乏な田中でさえ結婚するのだから金持ちのＩ君が結婚できるのは言うまでもない。」と言って出席者の爆笑をかったので、私はすかさずそれを漢文に翻訳して「田中すらかつ結婚する。いわんやＩ君をや」と言ってやった。漢文教育関係の人もけっこう出席していたので、一部には大ウケだった。

さて、受験に話を戻すと、**「ＡすらかつＢ。いはんやＣをや」**という訓読表現が典型的な**『抑揚』**の句形である。

『抑揚』と名づけるのは、この訓読の訳が、「ＡさえＢなのだから、ましてＣがＢであるのは当然だ」であり、具体的には、たとえば「私より頭の悪いＡ子さえＢ大学に合格するのだから、まして私Ｃ子がＢ大学に通るのは当然だ」というように、Ａを低く言い**（抑《おさ》え）**、Ｃを高く言う**（揚《あ》げる）**ことに由来する。

この『抑揚』形で覚えることは、**「～すら且《か》つ～」**の**「すら」**と、**「況《いは》んや～をや」**の**「をや」**だけである。

抑揚の"いがよみ"公式

覚えること

A《スラ》且《カツ》B況《いはンヤ》C《ヲヤ》(乎)

［読み］Aすら且つB況《いは》んやCをや

［現代語訳］AでさえBだからましてC(がBであるの)は当然だ(言うまでもない)

A《スラ》猶＝尚《なホ》B況《いはンヤ》C《ヲヤ》(乎)

［読み］Aすら尚《な》ほB況んやCをや

［現代語訳］AでさえBだからましてC(がBであるの)は当然だ(言うまでもない)

ポイント

① Cは「連体形」・「体言」である

② 〝いがよみ〟の「スラ」と「ヲヤ」の記憶法

「スラ」すら覚えよ語尾の「ヲヤ」

「且つ」と「況んや」という漢字の読みはすぐ慣れるので、漢字以外のよみ〝いがよみ〟である「すら」と「をや」で合否が決まる。

「すら」すら覚えよ語尾の「をや」を繰り返しながら、練習問題によって「すら」〜「をや」に磨きをかけよう。

練習問題

問 傍線部を(a)漢字かなまじりで書き下し、(b)現代語訳せよ。

① 死《し》馬《ば》且買《かフ》レ之《これヲ》、況生《いケル》者《もの》乎。

② 不《レバ》レ信《しんナラ》則《すなはチ》親《しん》友《いうモ》輕《けい》二‐易《いス》之《これヲ》一、況世人乎。

○軽易ス…軽蔑する　○世人…世間の人

③ 仁《じん》智《ちハ》周《しう》公《こうモ》未《ざル》《いまダ》二之《これヲ》盡《つくサ》一也《なり》。而《しかルヲ》況於《おいテ》レ王《わうニ》乎《や》。

④ 彼《かノ》小《せう》禽《きん》尚欲《ほっス》レ好《よクセント》二其《そノ》聲《こゑヲ》一。

○小禽…小鳥

⑤ 天《てん》地《ち》猶不《ず》レ能《あたハ》二永《えい》遠《ゑんナル》一、而《しかルヲ》況於《おいテ》レ人《ひとニ》乎。

⑥ 聖《せい》人《じん》且不《ず》レ能《あたハ》レ免《まぬかルル》二此《この》困《くるしミヲ》一、況庸《よう》人《じん》乎。

○庸人…一般の人

⑦ 當《あタリテ》三其《その》争《あらそフニ》二利《り》益《えきヲ》一、父《ふ》子《し》兄弟且不二相《あひ》譲《ゆづラ》一。

⑧ 吾《われ》未《いまダ》《ず》レ聞《きカ》二枉《まゲテ》レ己《おのれヲ》而正《ただス》レ人《ひとヲ》者《ものヲ》一、況辱《はづかしメテ》レ己《おのれヲ》以《もっテ》正《ス》二天下《ヲ》一者《もの》乎。

○枉己…自分の良心に反する

⑨ 凡《ぼん》人《じん》尚恥《はヅ》レ之《これヲ》、況於《おいテ》二君子《ニ》一乎。

⑩ 君《くん》主《しゅ》之《の》倉《さう》廩《りん》猶不《ず》レ蓄《たくはへ》レ粟《ぞくヲ》、況士人乎。

○倉廩…倉庫　○士人…ここでは「官僚」の意

〔解き方〕①「A且B況C乎」のパターンどおり、「**すら且つ**」「況《いは》んや～**をや**」の〝いがよみ〟に気をつければ読みはでき上がり。現代語訳も「AでさえBだから、ましてCは言うまでもない」のパターンでできる。Aは「死馬」、Bは「買ㇾ之」、Cは「生者」だ。

答 (a)〈書き下し文〉**死馬《しば》すら且《か》つ之《これ》を買《か》ふ、況《いは》んや生ける者をや** (b)〈現代語訳〉**死んだ馬でさえ**（大金で）**これを買うのだから、まして**（みんなが）**生きた馬**（ならもっと大金で買ってもらえると考えるの）**は言うまでもない**

②変形だが「況」を「況んや～をや」と読めばよい。現代語訳は、「まして～は言うまでもない」にあてはめるだけ。

答 (a)〈書き下し文〉**況《いは》んや世人《せじん》をや** (b)〈現代語訳〉（信頼を失えば親友もそいつを軽蔑する。）**まして世間の人**（がその者を軽蔑するの）**は言うまでもない**

③「而況んや」の場合の「而」は「しかるを」と読む。したがって「しかるをいはんや～をや」となる。これに「於《おいテ》ㇾ王ニ」を入れれば読みはでき上がり。現代語訳は、「まして～は言うまでもない」だ。

答 (a)〈書き下し文〉**而《しか》るを況《いは》んや王《わう》に於《お》いてをや** (b)〈現代語訳〉（仁智は〈あの聖人の〉周公でさえまだ完全に身につけてはいない。）**まして**（周公には及ばない）**王**（が仁智を身につけていないの）**は言うまでもない**

④「A尚～」の形で「Aスラ尚ホ」の〝いがよみ〟を忘れないように。

答 (a)〈書き下し文〉**彼《か》の小禽《せうきん》すら尚《な》ほ其《そ》の聲《こゑ》を好《よ》くせんと欲《ほっ》す** (b)〈現代語訳〉**あの小鳥で**

さえ自分の鳴き声をよくしようと思っている

⑤前問④が「尚」であったのに対して、ここでは「猶」が用いられているが、「すら猶《な》ほ」と読むのは同じ。また「而況」は、③と同様、「而《しか》るを況んや〜をや」となる。現代語訳は、公式どおり「AでさえBだから、ましてC（がBであるの）は当然だ」のパターン。

答 (a)〈書き下し文〉**天地《てんち》すら猶ほ永遠《えいゑん》なる能《あた》はず、而《しか》るを況《いは》んや人《ひと》に於《おい》てをや** (b)〈現代語訳〉**天地でさえ永遠であることはできないのだから、まして人**（が永遠の存在でないの）**は当然だ**

⑥「すら且《か》つ」と、「況《いは》んや〜をや」を忘れなければ、あとは返り点にしたがって読めばよい。現代語訳も公式どおりだ。

答 (a)〈書き下し文〉**聖人《せいじん》すら且《か》つ此《こ》の困《くる》しみを免《まぬか》るる能《あた》はず、況《いは》んや庸人《ようじん》をや** (b)〈現代語訳〉**聖人でさえこの苦しみからのがれることはできない。まして一般の人**（がこの苦しみを免れないの）**は当然だ**

⑦「Aすら且《か》つB、況んやCをや」ででき上がりの前半部分だけなので、読み「〜すら且《か》つ」、現代語訳「〜でさえ〜」を使えばよい。

答 (a)〈書き下し文〉**父子兄弟《ふしけいてい》すら且《か》つ相譲《あひゆづ》らず** (b)〈現代語訳〉（利益を争う場合には、）**親子兄弟でさえお互いに譲らない**

⑧「Aすら且《か》つB、況んやCをや」の後半部分だけなので読みは「況んや〜をや」、現代語訳は「まして〜は言うまでもない」を使う。

答 (a)〈書き下し文〉**況《いは》んや己《おのれ》を辱《はづかし》めて以《もっ》て天下《てんか》を正《ただ》す者《もの》をや** (b)〈現代語訳〉（私は自分（の良心）に反して人の行いを正す者を知らない。）**まして自分を辱めて天下を正す者**（がいないこと）**は当然だ**

---

⑨そのまま「A 尚《スラ》《なホ》 B 況《いはンヤ》 C 乎《ヲヤ》」にあてはめる。読みは「Aすら尚ほB況んやCをや」だし、現代語訳は「AでさえBだからましてC（がBであるの）は言うまでもない」だ。

答 (a)〈書き下し文〉**凡人《ぼんじん》すら尚《な》ほ之《これ》を恥《は》づ、況《いは》んや君子《くんし》に於《お》てをや** (b)〈現代語訳〉**一般人でさえこれを恥とする、まして君子**（理想のエリートがこれを恥じるの）**は言うまでもない**

⑩これは前問⑨の「尚」が「猶」になっただけで読みも現代語訳もやり方は同じ。ここでも「すら猶ほ」と「況んや〜をや」をくれぐれも忘れないこと。

答 (a)〈書き下し文〉**君主《くんしゅ》の倉廩《さうりん》すら猶《な》ほ粟《ぞく》を蓄《たくは》へず、況《いは》んや士人《しじん》をや** (b)〈現代語訳〉**君主の倉庫でさえ穀物を蓄えていない、まして官僚たち**（が穀物を蓄えていないこと）**は当然だ**

それでは、仕上げに入試問題をやっておこう。ここでも「すら」と「をや」は忘れないように。

入試問題

次の文を読んであとの問いに答えなさい。（設問の都合で、訓点・送りがなを省略したところがある）

古《こ》人《じん》貴《たっとブ》二朝《あしたニ》聞《きキ》夕《ゆふべニ》死《しスルヲ》一、況君《ノ》前途《ノ》尚《なホ》可。

○可《か》ナリ…可能性がある

問 傍線部「況君前途尚可」を読むとおりに、全部ひらがなで記せ。 **〈九大〉**

〔解き方〕「況《いは》んや」の読みは問題なし。あとは語尾に**「をや」**をつければよい。ただし、**「をや」の上は「連体形」**であるから「可＋なり」は「可なる」という「連体形」にして接続する。あるいは体言の「もの」を補ってもよい。そうすれば正解ができ上がる。

答 **いはんやきみのぜんとのなほかなる（もの）をや** 〈現代語訳〉昔の思想家は、朝（真理を）聞くことができればその日の夕方には死んでもよい（＝真理に到達すれば、後の人生は短くてもよい）という態度を重視した。（だから）若い君に大きな可能性があるのは当然だ

現代語訳はともかく、読みを問う問題はとてもカンタンだったと思う。物足りなかっただろうから、最後にもう一題やっておこう。

入試問題

次の文を読んで、後の問いに答えなさい。（設問の都合で、訓点・送りがなを省略したところがある）

夫《そ》レ九《く》九《く》ハ薄《はく》能《のう》耳《のみ》。而《しか》モ君《きみ》猶《な》ホ禮《れい》セバ㆑之《これ》ニ、況賢㆓於九九㆒者乎。

○九九…算数　○薄能…誰でもできるかんたんなこと

問 傍線部「況賢於九九者乎」を書き下し文に改め、現代語訳せよ。

〈愛知教育大〉

〔解き方〕「況んや〜をや」というパターンであるから、あとは中身を読めばいい。中身の「賢㆓於九九㆒」について少し説明しておく。

これは、P.50の『於《おい》テ』があったら『受身』と『比較』で説明したように、**『動詞＋於→受身＝〜る・らる』**あるいは**『形容詞・形容動詞＋於→比較＝〜より』**である。思い出したかな。

この問題文の場合は、「於」の上が「賢《けん》なり」という形容動詞であるから、『比較』形となり、「於」の下の「九九」に「より」をつけて「九九より賢なり」となる。そして最後に「九九より賢なり＋者→九九より賢なる者」と読んででき上がる。また、現代語訳は「C（がBであるの）は言うまでもない」にあてはめる。

答 〈書き下し文〉**況《いは》んや九九より賢《けん》なる者《もの》をや**　〈現代語訳〉**まして算数より程度の高いもの**

――（に対しても君主から厚遇されると思うの）**は言うまでもない**

なお、かっこの中の補い（に対しても君主から厚遇されると思うの）をつけ足したほうがベターだが、そう神経質になることはない。「まして～は言うまでもない」という基本の現代語訳ができていれば必ず合格するのだ。

田中先生のFAQ

Q 「是《ここヲ》以《もっテ》」はなぜ「これをもって」と読まないのですか？

A 訓読は現代語訳から逆算せよ！

「是《ここヲ》以《もっテ》」は「これをもって」と読まないし、「於《おいテ》レ是《ここニ》」も「これにおいて」とは訓読しない。それは、

訓読は現代語訳（現代語の読み）から逆算せよ

という原則に従うからなのだ。「是以」「於是」はすべて「そこで」と訳すため、

そこ　で
↓
ここ　をもって・において

というように、「そこ」という場所を示す代名詞で訓読する必然性と、「これ」という通常の訓読との二つがぶつかりあって、「ここ」という訓読に落ち着いたものである。

早覚え速答法II

コレだけ漢字91

漢文特有の漢字、それが「コレだけ漢字」。
入試漢文では、読みを問う単純な問題も出題される。
見て慣れるだけでいいので、
目を通して意味をおさえよう。

「重要漢字」は見て慣れるだけでよい!!

「10の〝いがよみ〟公式」はいかがでしたか。漢文も必要な公式＝解法のルールを覚えれば、いとも簡単に解けることがわかったと思う。現代文や古文の問題に比べて、試験自体がやさしいからなんだ。だから、これまで漢文で点がとれなかったのは、漢字ばかりの文章にイヤ気がさして、ああ〜とため息をついていただけなんだ。だが、本書を手にした今日からはちがうよ。これまでのように、漢文で失点することはなくなるよ。ただ、ここで言っておきたいのは、漢字の読みを問う問題が出る場合も多く、このときは、必要最小限の漢字の読みを覚えておかなければ、解けないということ。ちょうど、古文で単語（古語）の意味を問う場合と同じだ。たとえば、次の千葉大の問題を見てほしい。

問 **傍線部「何也」の読みを、送り仮名を含めてひらがなで答えよ。**

…群臣皆從ヒ二寡人ニ一而涕泣ス。子之獨笑<u>何也</u>。

〈千葉大〉

「何也」は、「なんぞや＝何《なんゾ》也《や》」という読みさえ知っていれば、いとも簡単に解けるのだ。
もうおわかりと思うが、漢字の読みを問う単純な問題は入試ではたくさん出ており、およそ3割の配点になっている。だから、次から始まる重要漢字リストでしっかり読みに慣れ、3割得点アップをねらってくれ。漢字の読みだから覚える必要はない。見て慣れるだけだから安心せよ！ ただし、意味は覚えておかなければならないよ！ これで漢文が次第に得点源になってきたゾ!!

読→読み、意→意味を表す。

嗟《あ》乎《あ》

読 ああ
意 ああ

例文 嗟乎嗟乎。一人《ひとり》固《もとヨリ》不《ず》レ能《あたハ》二獨《どく》立《りつスル》一。
読み 嗟《あ》乎《あ》嗟《あ》乎《あ》。一人固《もと》より独立する能《あた》はず。
意味 ああああ。ひとりではもともと独立することができない。
（注）「嗚呼《ああ》」も同じ。

不《ず》レ可《べカラ》二勝《あゲテ》――一（ス）

読 あげて――べからず（たふべからず）
意 （…しすぎて）～できない

例文 穀《こく》不《ず》レ可《べカラ》二勝《あゲテ》食《くらフ》一。
読み 穀《こく》勝《あ》げて食《くら》ふべからず。
意味 穀物が多すぎて食べきれない。

不《ず》レ能《あた》ハレ――（スル）

読 あたはず

意 ～できない

例文 鳴《な》ケドモレ之《これ》ニ而不《ず》レ能《あた》ハレ通《つう》ズル二其《そ》ノ意《い》ニ一。

読み 之《これ》に鳴けども其《そ》の意に通ずる能《あた》はず。

意味 この者に鳴い（て訴え）ても彼にわからせることはできない。

中《あ》ツ

読 あつ

意 あてる

例文 百《ひやく》發《はつ》シテ百《ひやく》中《あ》ツ。

読み 百発して百中《あ》つ。

意味 百回射て百回ともあてる（あてた）。

與《あづか》ル＝与《あづか》ル

読 あづかる

意 参加する

例文 吾《われ》不《ざ》レバレ與《あづか》ラレ祭《まつ》リニ、如《ごと》シレ不《ざ》ルガレ祭《まつ》ラ。

読み 吾《われ》祭りに与《あづか》らざれば、祭らざるがごとし。

意味 自分で祭礼に参加しなければ、祭らないようなものだ。

過《あやま》ツ

読 あやまつ

意 間違う（過失という熟語で理解せよ）

例文 君《きみ》之《の》謀《はかりごと》過《あやま》テリ矣。

読み 君の謀《はかりごと》過《あやま》てり。

意味 あなたさまの計画は間違っています。

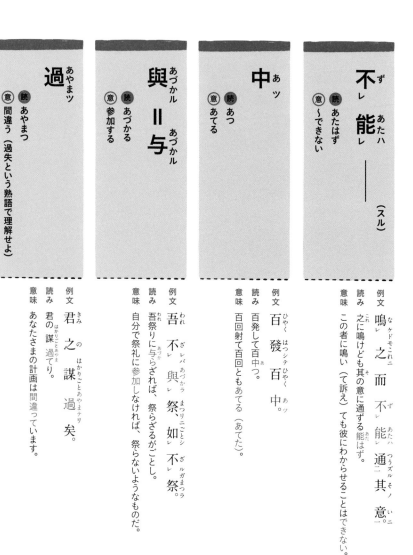

見《あらは》ル

読 あらはる

意 現れる

例文 情《じやう》見《あらは》レレ力《ちから》屈《くつ》ス。

読み 情《じやう》見《あらは》れ力屈す。

意味 実情が露見し力がなくなった。

(注)「見」に王へん(本当は玉へんという)をつけると「現」だから「あらはる」と訓読する。熟語は「露見」。

幾《いく》何《ばく》ゾ

読 いくばくぞ

意 どれほどだ

例文 孔《こう》子《し》ノ居《を》リテレ魯《ろ》ニ得《う》ルコトレ禄《ろく》ヲ幾《いく》何《ばく》ゾ。

読み 孔子の魯に居りて禄を得ること幾何《いくばく》ぞ。

意味 孔子は魯国でどれくらい給料をもらっていたのか。

(注)一字で「幾《いくばく》」という場合もある。「未《いまダ》レ幾《いくばくナラ》ずシテ(しばらくして)」

諫《いさ》ム

読 いさむ

意 臣下が君主の誤りを指摘し改善を促す

例文 諫《いさ》ム二其《そ》ノ君之過《あやまち》ヲ一。

読み 其《そ》の君《きみ》の過《あやまち》を諫《いさ》む。

意味 その君主の誤りをいさめた。

(注)諫めることは命がけなので文章に残る。

陽《いつは》ル

読 いつはる

意 ~のふりをする

例文 陽《いつは》ルレ不《ざ》ルヲレ知《し》ラ。

読み 知らざるを陽《いつは》る。

意味 知らないふりをした。

所《いは》謂《ゆる》

読 いはゆる

意 いわゆる

例文 所《いは》謂《ゆる》誠《まことニスト》二其《そノ》意《いヲ》一者《は》毋《なキ》二自《みづかラ》欺《あざむクコトなり》一也。

読み 所謂《いはゆる》其の意を誠にすとは自ら欺くこと毋《な》きなり。

意味 いわゆる「その意志を誠にする」というのは、自分の良心をごまかすなということである。

道《い》フ

読 いふ

意 言う

例文 不《ず》レ道《いハ》不《ず》レ語《かたラ》。

読み 道《い》はず語らず。

意味 何も言わない。

雖《いへど》モ

読 いへども

意 ～とはいっても

例文 雖《いへどモ》二不《ふ》敏《びんナリト》一、請《こフ》事《ことトセン》二此《こノ》語《ごヲ》一。

読み 不敏なりと雖《いへど》も、請ふ此の語を事とせん。

意味 （私は）愚か者ではございますが、お願いです。このお言葉を大切に守っていかせてください。

未《いま》ダ二 ―――― 一（セ）ず

読 いまだ――ず

意 まだ～ない

例文 吾《われ》起《おコシテヨリ》レ兵《へいヲ》至《いたルマデ》レ今《いまニ》未《いまダ》二嘗《かつテ》敗《はい》北《ぼくセ》一。

読み 吾《われ》兵を起こしてより今に至るまで未《いま》だ嘗《かつ》て敗北せず。

意味 おれは挙兵してから今に至るまでまだ一度も負けたことがない。

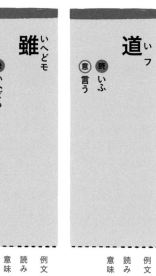

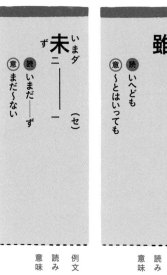

苟《いやシクモ》——バ

読 いやしくも——ば
意 かりにも〜であれば

例文 苟《いやシクモ》爲《なサバ》二後《のちニシテ》レ義《ぎヲ》而先《さきニ》レ利《りヲ》、不《ずンバ》レ奪《うばハ》不《ず》レ饜《あカ》。
読み 苟《いや》しくも義を後にして利を先に為さば、奪《うば》はずんば饜《あ》かず。
意味 かりにも正義を後まわしにして利益を優先すれば、奪いとらなければ満足しない。（徹底的に奪ってしまう）

不《ず》レ得《え》レ——

読 ——えず
意 〜できない

例文 不《ず》レ得《え》三以《もつテ》養《やしなフコトヲ》二父《ふ》母《ぼヲ》一。
読み 以《もつ》て父母を養ふことを得《え》ず。
意味 （その財産で）父母を養うことができない。

悪《にくム》

読 にくむ
意 にくむ

例文 君《くん》子《しモ》亦《まタ》有《あル》レ悪《にくムコト》乎《か》。
読み 君子も亦《ま》た悪《にく》むこと有るか。
意味 君子（理想人）にも「憎悪」という感情があるのですか。
（注）「憎悪」という熟語を思い出せばよい。

以《お》爲《もヘラク》——ト

読 おもへらく——と
意 〜と思う

例文 王《わう》喜《よろこビテ》以《お》爲《もヘラク》能《よク》勝《たフル》二其《その》任《にんニ》一也《なりト》。
読み 王喜びて以為《おも》へらく能く其の任に勝《た》ふるなりと。
意味 王は喜んで「（この男は）その責任を果たすことができる」と思った。
（注）以《もつテ》レA為《なスト》レB（AをBと考える）→「以為《おもヘラク》 B」はAが抜け落ちた形。「以《もつテ》為《なスト》レB」と読む場合もあるが同意。

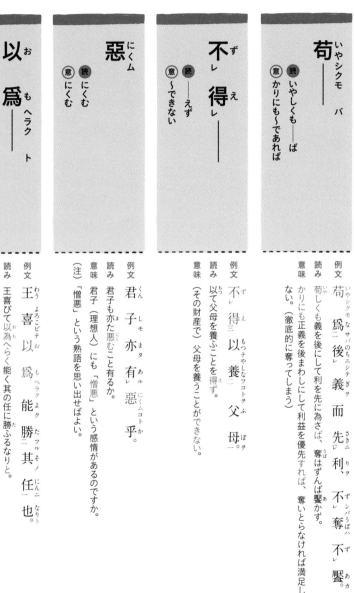

凡《およソ》

読 およそ

意 一般に

例文 凡《およソ》有《あル》二血《けつ》氣《き》一者《ものハ》莫《なシ》レ不《ざルハ》レ尊《たつとバ》レ親《しんヲ》。

読み 凡《およ》そ血氣有る者は親を尊《たつと》ばざるは莫《な》し。

意味 一般に動物はすべて肉親を大事にする。

（注）この漢字以降から一般論や理論が始まる。

如《ごとクンバ》レ是《かくノ》

読 かくのごとくんば

意 このようであれば

例文 如《ごとクンバ》レ是《かくノ》也、民《たみノ》歸《きスルコトこれニ》レ之、由《なホ》二水《みづ》之《の》就《つキ》レ下《ひくキニ》沛《はい》然《ぜんタルガ》一。《ごとシ》

読み 是《かく》のごとくんば、民の之に歸すること、由《な》ほ水の下《ひく》きに就《つ》き沛然たるがごとし。

意味 もしこのようであれば、人民がこの国に移住するさまは、まるで水が低いところへドッと流れるよう（に押し寄せる）でしょう。

若《ごとクンバ》レ此《かくノ》

読 かくのごとくんば

意 このようであれば

例文 若《ごとクンバ》レ此《かくノ》、則《すなはチ》可《べシ》二與《ともニ》語《かたル》一。

読み 此《かく》のごとくんば、則ち與《とも》に語るべし。

意味 このようであれば、ともに（理想を）語り合うことができる。

寡《くわ》人《じん》

読 くわじん

意 私（諸侯の自称）

例文 無《なシ》下如《しク》二寡《くわ》人《じん》之《の》用《もちフルニ》レ心《こころヲ》者《ものハ》上。

読み 寡人《くわじん》の心を用ふるに如く者は無し。

意味 私の注意深さに及ぶ者はいない。（私が一番注意深い）

（注）「寡」が「多寡（＝多少）」の「寡《すくなシ》」で、「徳が少ない人」という意味から転じて戦国時代の王侯が自分をさす場合に使う。訳は「私」でよい。

難《かたシ》

読 かたし
意 ～が困難だ

例文 少《せう》年《ねん》易《やすク》レ老《おイ》學《がく》難《がたシ》レ成《なリ》。
読み 少年老い易く學成り難《がた》し。
意味 若者はすぐ年をとるが、学問はなかなかきわめられない。

易《かフ》

読 かふ
意 とりかえる

例文 試《こころミニ》易《かヘテ》レ地《ちヲ》以《もつテ》処《をリ》、平《たひらカニシテ》レ心《こころヲ》而度《はかレバ》レ之《これヲ》、吾《われ》果《はたシテ》無《なカラン》二一《いつ》失《しつ》一乎《や》。
読み 試《こころ》みに地を易《か》へて以て処《を》り、心を平かにして之《これ》を度《はか》れば、吾《われ》果して一失無からんや。
意味 試しに場所を変えて住み、心を平静にしてこれ（自分の行動）を考えると自分は果たして一つの落度もなかったであろうか。

期《き》年《ねん》

読 きねん
意 丸一年

例文 不《ずシテ》二期《き》年《ねんナラ》一千《せん》里《りノ》馬《うま》至《いたル》者《もの》三。
読み 期年《きねん》ならずして千里の馬至る者三。
意味 一年たたないうちに、千里の馬（一日に千里を走るという名馬）が三頭も到着した。
（注）「期」の左部分の「其」は象形文字で穀物をふるう「箕《み》」を表す。穀物の収穫は一年に一回。そこで「期」には「一年」という意味がある。なお、「期月」は「丸一ヵ月」の意味。

與《くみス》＝与《くみス》

読 くみす
意 参加する

例文 百《ひゃく》姓《せい》與《くみスルトキハ》レ之《これニ》則《すなはチ》安《やすシ》。
読み 百姓之《これ》に與《くみ》するときは則《すなは》ち安し。
意味 人民がこれに参加するときは政治が安定する。

蓋《けだシ》

読 けだし

意 思うに

例文 蓋《けだシ》人《じん》心《しん》之《の》霊《れい》莫《なシ》レ不《ざルハ》レ有《あラ》レ知《ち》。

読み 蓋《けだ》し人心の霊知有らざるは莫《な》し。

意味 思うに人間の精神にはみんな知能が宿っている。

(注) この漢字以降から一般論や理論が始まる。

於《おいテ》レ是《ここニ》

読 ここにおいて

意 そこで

例文 於《おいテ》レ是《ここニ》人《じん》主《しゅモ》亦《また》不《ず》三自《みずかラ》知《しラ》二其《その》過《あやまちヲ》一。

読み 是《ここ》に於《お》いて人主も亦《ま》た自ら其の過《あやまち》を知らず。

意味 そこで君主もやはり自分では自分のあやまちに気づかない。

(注) 「是」を「これ」と読まないことについてはP.135参照。

是《ここヲ》以《もつテ》

読 ここをもって

意 そこで

例文 是《ここヲ》以《もつテ》知《しル》二剛《ごう》者《しゃ》之《の》必《かならズ》仁《じんニシテ》、佞《ねい》者《しゃ》之《の》必《かならズ》不《ふ》仁《じんナルヲ》一也《なり》。

読み 是《ここ》を以《もつ》て剛者の必ず仁にして、佞者の必ず不仁なるを知るなり。

意味 そこで勇気のある者は必ず「仁」の心をもち、こびへつらう者が必ず「仁」の心を欠くことがわかるのである。

(注) 「是」を「これ」と読まないことについてはP.135参照。

故《こ》人《じん》

読 こじん

意 友人

例文 過《よぎル》二故《こ》人《じんノ》荘《ヲ》一。

読み 故人《こじん》の荘を過る。

意味 友人の家にたちよる。

盡《ことごとク》＝尽《ことごとク》

読 ことごとく
意 すべて

例文 盡《ことごとク》莫《なシ》レ不《ざル》レ然《しかラ》。
読み 盡《ことごと》く然《しか》らざる莫《な》し。
意味 そうでないものはまったくない（すべてそうだ）。
（注）「悉《ことごとク》」も同じ。

焉《これ》

読 これ（より）
意 これ（より）

例文 莫《なシ》レ大《だいナルハ》レ焉《これヨリ》。
読み 焉《これ》より大なるは莫《な》し。
意味 これより大きいものはない。

諸《これ》

読 これ
意 これ

例文 西《さい》域《ゐきノ》胡《こ》賈《こハ》得《うレバ》二美《び》珠《しゆヲ》一剖《さキテ》レ身《みヲ》而蔵《ざうスト》レ之《これヲ》。有《ありヤこれ》レ諸。
読み 西域の胡賈は美珠を得れば身を剖《さ》きて之《これ》を蔵すと。諸《これ》有りや。
意味 西域の異民族の商人は美しい宝石を買い入れるとわが身を切りさいてこの宝石を隠すという。こんなことが（本当に）あるのか。

若《ごとシ》（如《ごとシ》）

読 ごとし
意 ～のようだ

例文 良《りやう》賈《こハ》深《ふかク》蔵《ざうシテ》若《ごとク》レ虚《むなシキガ》、君《くん》子《しハ》盛《せい》徳《とくニシテ》容《よう》貌《ばうハ》若《ごとシ》レ愚《ぐナルガ》。
読み 良賈は深く蔵して虚《むな》しきがごとく、君子は盛徳にして容貌は愚なるがごとし。
意味 良い商人は（貴重品を）奥深くしまい込んで何もないようであり、君子（理想人）は人徳が豊かでありながらその容貌は愚者のようである。

左《さ》右《いう》

読 さいう

意 臣下、部下、下僕、従者

例文 王顧《かへり》ミテ二左《さ》右《いう》ヲ一而言フレ他ヲ。

読み 王左右《さいう》を顧《かへり》みて他を言ふ。

意味 （ある人の追及に対し）王は臣下たちを見て別のことを言っ（て答えをはぐらかし）た。

（注）王の左と右に臣下たちが控えていたことから。

子《し》

読 し

意 あなた

例文 子《し》奚《なん》ゾ不《ざ》ルレ為《な》サレ政《まつりごと》ヲ。

読み 子奚《しなん》ぞ政《まつりごと》を為さざる。

意味 あなたはどうして政治に参加しないのか。

（注）文中で出る「子」はほとんど「あなた」と訳せばよい。

不《ず》レ然《しか》ラ

読 しからず

意 そうではない

例文 今《いま》也《や》不《ず》レ然《しか》ラ。

読み 今や然《しか》らず。

意味 今はそうではない。

然《しか》リ

読 しかり

意 そうだ

例文 豈《あに》其《そ》レ然《しか》ラン乎《や》。

読み 豈其《あにそ》れ然《しか》らんや。

意味 いったいどうしてそうなのだろうか。（そんなことはありえない）

（注）「然則」は〝しかラバすなはチ〟と読む。

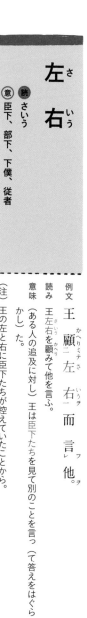

數《しばしば》 ＝ 数

読 しばしば

意 何度も

臣《しん》

読 しん

意 私め

已《すでニ》

読 すでに

意 すでに

卽《すなはチ》 ＝ 即

読 すなはち

意 すぐに

例文 事《つかフルコト》レ君《きみニ》數《しばしばナレバ》斯《すなはチ》辱《はづかしメラル》矣。

読み 君に事《つか》ふること數《しばしば》なれば斯《すなは》ち辱《はづかし》めらる。

意味 何度も（たくさんの）君子に仕えると侮辱される。

例文 臣《しん》未《いまダ》二之《ヲ》聞《きカ》一也《なり》。

読み 臣《しん》未《いま》だ之《これ》を聞かざるなり。

意味 私めはまだこんなことを耳にしたことがありません。

例文 輕《けい》舟《しう》已《すでニ》過《すグ》萬《ばん》重《ぢゅうノ》山《やま》。

読み 輕舟已《すで》に過ぐ萬重の山。

意味 小さな舟はすでにたくさんの山々を通った。

例文 卽《すなはチ》入《いリテ》見《まみユ》レ王《わうニ》。

読み 卽《すなは》ち入りて王に見ゆ。

意味 すぐに（宮殿に）入って王に会った。

則 すなはチ

読 すなはち

意 すなわち

例文 胸《きょう》中《ちゅう》正《ただ》シケレバ則《すなは》チ眸《ぼう》子《し》瞭《あきら》カナリ焉。

読み 胸中正しければ則《すなは》ち眸《ぼう》子《し》瞭かなり。

意味 心が正しければ、すなわち、ひとみが澄みきっている。

（注）「……レバ則チ」という一定の訓読をするので「レバ則」という。

便 すなはチ

読 すなはち

意 すぐに

例文 林《はやし》盡《つ》キテ二水《すい》源《げん》ニ一便《すなは》チ得《え》タリ二一《いち》山《ざん》ヲ一。

読み 林水源に盡きて便《すなは》ち一山を得たり。

意味 林が水源地の所で終わるとすぐに山が現れた。

輒 すなはチ

読 すなはち

意 そのたびごとにいつも

例文 造《いた》リ飲《の》ミテ輒《すなは》チ盡《つ》クス。

読み 造り飲みて輒《すなは》ち盡くす。

意味 やってきて酒を飲むごとにいつも全部飲み尽くしてしまう。

乃 すなはチ

読 すなはち

意 かえって、そこで

例文 桀《けつ》、紂《ちゅう》乃《すなは》チ忘《わす》ル二其《そ》ノ身《み》ヲ一。

読み 桀、紂乃《すなは》ち其の身を忘る。

意味 桀と紂は（反省するどころか）かえって自分の立場を忘れてしまった。

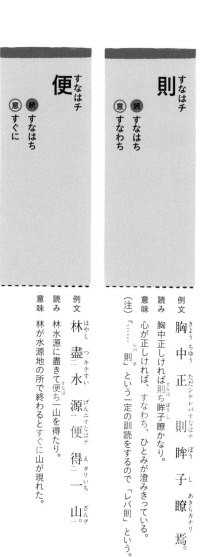

須《すべから》ク二ベシ ――（ス）一

読 すべからく――べし
意 必ず～すべきだ

例文　人《じん》生《せい》得《え》テレ意《い》ヲ須《すべから》クレベシ盡《つ》クスレ歡《かん》ヲ。

読み　人生意を得て須らく歡を盡くすべし。

意味　人がうまくいっているとき（合格、大もうけ、出世など）には、ぜひ徹底的に遊ぶ必要がある。

夫《そ》レ

読 それ
意 そもそも

例文　夫《そ》レ苟《いやし》クモ好《この》マバレ善《ぜん》ヲ則《すなは》チ四《し》海《かい》之《の》内《うち》皆《みな》將《まさ》ニ下《す》輕《かろ》シトシテ二千《せん》里《り》ヲ一而来《きた》ラント上。

読み　夫《そ》れ苟しくも善を好まば則《すなは》ち四海の内皆將《まさ》に千里を輕しとして来《きた》らんとす。

意味　そもそもかりにも善を好めば、中国全土の者は千里をものともせずやってくることでしょう。（注）夫《それ》（そもそも）から理論・結論・一般論が始まる。

是《ぜ》

読 ぜ
意 正しい（こと）　※是《ぜ》とす＝正しいと考える

例文　是《ぜ》トシレ是《ぜ》ヲ非《ひ》トスレ非《ひ》ヲ。

読み　是《ぜ》を是《ぜ》とし非《ひ》を非《ひ》とす。

意味　正しいことを正しいと考え、誤っていることを誤っていると考える。

縦《たと》ヒ ―― トモ（＝縦）

読 たとひ――とも
意 たとえ～ても

例文　縦《たと》ヒ江《かう》東《とう》ノ父《ふ》兄《けい》憐《あはれ》ミテ而王《わう》トストモレ我《われ》ヲ、我《われ》何《なん》ノ面《めん》目《ぼく》アリテカ見《まみ》エンレ之《これ》ニ。

読み　縦《たと》ひ江東の父兄憐みて我を王とすとも、我何の面目ありてか之に見《まみ》えん。

意味　たとえ江東の有力者たちが同情して私を王と仰ごうとしても、私はどんなツラをして彼らに会えばよいのか。

不《ず》レ勝《たへ》レ――ニ

読 ――にたへず

意 こらえきれない

例文 不《ず》レ勝《たへ》二感嘆《ニ》一。

読み 感嘆に勝《た》へず。

意味 （あふれる）感動を抑えられない。

偶《たまたま》（遇）

読 たまたま

意 たまたま、偶然

例文 鄭《てい》國《こく》之《の》治《ちハ》偶《たまたま》耳《のみ》。非《あらザル》二子《し》之《の》功《こうニ》一也《なり》。

読み 鄭国の治は偶《たまたま》のみ。子の功に非《あら》ざるなり。

意味 鄭国がよく治《おさ》まったのは偶然であって、あなたの功績によるものではない。

事《つかフ》

読 つかふ

意 仕える

例文 吾《われ》三《みタビ》事《つかへ》、三《みタビ》見《る》レ逐《おハ》。

読み 吾三たび事《つか》へ、三たび逐はる。

意味 私は何度も仕え、何度もクビになった。

（注）「仕事」で覚えよう。

遂《つひニ》

読 つひに

意 すぐに

例文 去《さル》之《の》日《ひ》遂《つひニ》収《をさム》二其《そノ》田《でん》里《りヲ》一。

読み 去るの日遂《つひ》に其の田里を収む。

意味 立ち去ったすぐその日に財産を没収する。

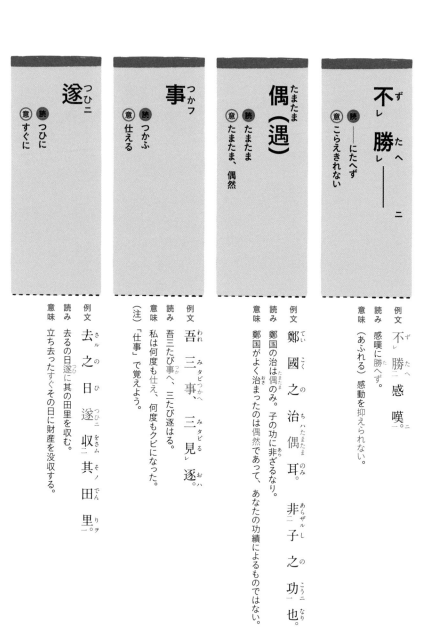

終《つひニ》

読 つひに
意 とうとう、ついに

例文 終《つひニ》累《かさヌ》二大《だい》徳《とくヲ》一。
読み 終《つひ》に大徳を累《かさ》ぬ。
意味 とうとう大いなる人徳を積み重ねた。

卒《つひニ》

読 つひに
意 とうとう、ついに

例文 卒《つひニ》爲《なル》二善《ぜん》士《しト》一。
読み 卒《つひ》に善士と爲る。
意味 とうとう善良な人間となった。

竟《つひニ》

読 つひに
意 とうとう、ついに

例文 竟《つひニ》廢《はいス》二申《しん》公《こう》及《およビ》太《たい》子《しヲ》一。
読み 竟《つひ》に申公及び太子を廢す。
意味 とうとう申公と皇太子の地位をはく奪した。

具《つぶさニ》

読 つぶさに
意 全部

例文 余《よ》具《つぶさニ》知《しル》二始《し》末《まつヲ》一。
読み 余具《つぶさ》に始末を知る。
意味 私は一部始終を理解した。

與《と》＝与《と》

読 と

意 と（並列）→ A与《トと》レB

例文 富《ふうト》與《とハ》レ貴《き》是《これ》人《ひと》之《の》所《ところ》レ欲《ほっスルなり》也。

読み 富と貴とは是れ人の欲する所なり。

意味 金持ちになることと出世することとは人が求めることである。

勿《なかレ》レ――スル（コト）

読 ――する（こと）なかれ

意 ～するな

例文 己《おのれノところハ》所レ不《ざル》レ欲《ほっセ》勿《なかレ》レ施《ほどこスコト》二於人《ひとニ》一。

読み 己の欲せざる所は人に施すこと勿《なか》れ。

意味 自分が人からしてほしくないことは人にもするな。

（注）「勿」の下の動詞は「連体形」となる。この「於」は目的格。受身ではない。

毋《なかレ》レ――スル（コト）

読 ――する（こと）なかれ

意 ～するな

例文 毋《なかレ》レ友《ともトスルコト》二不《ざル》レ如《しカ》レ己《おのれニ》者《ものヲ》一。

読み 己に如《し》かざる者を友とすること毋《なか》れ。

意味 自分に及ばない者を友人とするな。

（注）「毋」の下の動詞は「連体形」となる。

尚《なホ》

読 なほ

意 やはり

例文 兒《こノ》衣《ころもノ》在《あルスラ》レ側《かたはらニ》尚《なホ》齧《かじラル》。況《いはンヤ》鞍《くらノ》懸《かケタルヲ》レ柱《はしらニ》乎《や》。

読み 兒の衣の側に在るすら尚《な》ほ齧《かじ》らる。況《いは》んや鞍の柱に懸《か》けたるをや。

意味 そばにある子供の衣服でさえやはり（ねずみに）かじられるのだから、（倉庫の）柱にかけられた鞍（がねずみにかじられるの）は言うまでもない。

猶《なホ》

読 なほ

意 やはり、まだ

猶《なホ》ニ《ごとシ》——ー

読 なほ——ごとし

意 まるで〜のようだ

爲《なリ》レ人《ひとト》（＝為レ人）

読 ひととなり

意 人柄

——何《なんゾ》也《や》

読 ——なんぞや

意 〜はどうしてか

例文 吾《われ》猶《なホ》不《ず》レ足《たラ》。

読み 吾猶《な》ほ足らず。

意味 私はまだ不足だ。

例文 過《すギタルハ》猶《なホ》《ごとシ》レ不《ざルガ》レ及《およバ》。

読み 過ぎたるは猶《な》ほ及ばざるがごとし。

意味 やりすぎは足らないのとちょうど同じようなものだ。

例文 其《そノ》爲《なリ》レ人《ひとト》

読み 其の人《ひと》と爲《な》り

意味 その人柄

例文 子《し》之《の》獨《ひとリ》笑《わらフハ》何《なんゾ》也《や》。

読み 子の獨り笑ふは何《なん》ぞや。

意味 あなただけが笑うのはどうしてか。

盍《なんゾ》ニ——一ざル

読 なんぞ——ざる

意 どうして〜しないのか

爾《なんぢ》

読 なんぢ

意 あなた

若《なんぢ》

読 なんぢ

意 あなた

似《に》タリニ——一

読 ——ににたり

意 〜のようだ

例文 子《し》盍《なんゾ》ざルレ行《おこなハ》二仁《じん》政《せいヲ》一。

読み 子盍《なん》ぞ仁政を行はざる。

意味 あなたはどうして仁政を行わないのか。

例文 我《われハ》以《もつテ》レ不《ざルヲ》レ貪《むさぼラ》為《なス》レ寶《たからト》、爾《なんぢハ》以《もつテ》レ玉《たまヲ》為《なス》レ寶《たからト》。

読み 我は貪《むさぼ》らざるを以《もつ》て寶と爲す、爾《なんぢ》は玉を以て寶と爲す。

意味 私は貪欲でないことを宝（重要なこと）と考え、お前は玉（宝石）を宝と考えている。

例文 若《なんぢ》雖《いへどモ》二長《ちやう》大《だいニシテ》好《このミテ》帯《おブト》レ劍《けんヲ》一、中《ちゆう》情《じやうハ》怯《けふナル》耳《のみ》。

読み 若《なんぢ》長大にして好みて剣を帯ぶと雖《いへど》も、中情は怯なるのみ。

意味 お前は体がデカくて好んで剣を身につけてはいるが、内心はビクビクしているだけだ。

例文 似《にタリ》二重《かさネテ》有《あル》レ憂《うれヒ》者《ものニ》一。

読み 重ねて憂ひ有る者に似《に》たり。

意味 何度も不幸に見舞われた者のようだ。

耳《のみ》

読 のみ
意 ～だけ

例文 口《こう》耳《じ》之《の》間《かん》ハ、則《すなは》チ四《し》寸《すん》耳《のみ》。
読み 口耳の間は、則《すなは》ち四寸のみ。
意味 口と耳との間は四寸だけだ。

而《の》已《み》

読 のみ
意 ～だけ

例文 學《がく》問《もん》之《の》道《みち》ハ無《な》シ㆑他《ほか》。求《もと》ムル㆓其《そ》ノ放《ほう》心《しん》ヲ㆒而《の》已《み》矣。
読み 學問の道は他無し。其の放心を求むるのみ。
意味 学問の道は他にはない。失ってしまった本来の心を探し求めるだけだ。

私《ひそかニ》

読 ひそかに
意 こっそりと、他人に知られないように

例文 弟《てい》子《し》私《ひそか》ニ嘲《あざけ》ル㆓其《そ》ノ師《し》ヲ㆒。
読み 弟子《ていし》私《ひそか》に其の師を嘲る。
意味 生徒はこっそり先生をばかにしていた。

百姓《ひゃくせい》

読 ひゃくせい
意 人民、人々

例文 百《ひゃく》姓《せい》皆《みな》以《もつ》テ㆑王《わう》ヲ爲《な》ス㆑愛《を》シメリト也《なり》。
読み 百姓《ひゃくせい》皆王を以て愛めりと爲すなり。
意味 人々はみんな王様が（一頭の牛を）惜しんでいると思っています。

夫《ふう》子《し》

読 ふうし

意 先生

例文 夫《ふう》子《し》之《の》道《みち》ハ忠《ちゆう》恕《じよ》而《の》已《み》矣。

読み 夫子《ふうし》の道は忠恕のみ。

意味 先生の根本哲学はまごころ（忠）と思いやり（恕）にほかならない。

（注）受験では「孔子」をさすことが多い。

欲《ほっ》ス二――ント一

読 ――んとほっす

意 〜したいと思う

例文 得《え》タリ二僧《そう》ハ推《お》ス月《げつ》下《か》ノ門《もん》之《の》句《く》ヲ一、欲《ほっ》ス二改《あらた》メテレ推《すい》ヲ作《な》サントレ敲《かう》ト。

読み 「僧は推《お》す月下の門」の句を得たり、「推」を改めて「敲」と作《な》さんと欲《ほっ》す。

意味 「僧は推《お》す月下の門」という詩句ができたのだが、「推」を改めて「敲《たた》く」にしようと思う。

方《まさ》ニ

読 まさに

意 ちょうど

例文 方《まさ》ニ用《もち》ヰレ財ヲ取ルレ物ヲ。

読み 方《まさ》に財を用ゐ物を取る。

意味 ちょうど財産を使うところだ。

將《まさ》ニす二――ント一（＝将）

読 まさに――んとす

意 今にも〜しようとする

例文 孺《じゆ》子《し》ノ將《まさ》ニレ入《い》ラント二於井《せい》ニ一。

読み 孺子の將《まさ》に井《せい》に入《い》らんとす。

意味 赤ん坊が、今にも井戸に落ちようとするところだ。

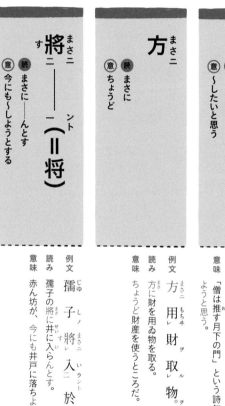

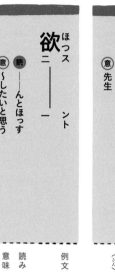

且《まさ》ニ　――――　一ント　す

読　まさに――んとす

意　今にも～しようとする

例文　其《そ》ノ　子《こ》　曰《いは》ク、「不《ず》ンバレ　築《きづ》カ　且《まさ》ニレ《すト》　有《あ》ラントレ　盗《とう》。」

読み　其の子曰く、「築かずんば且《まさ》に盗有らんとす」と。

意味　その子が言った、「(塀《へい》を) 築かなければ今にも盗賊が入ってきそうだ」と。

當《まさ》ニ　――――　一ベシ（ス）（＝当）

読　まさに――べし

意　当然～すべきだ

例文　及《およ》ンデレ　時《とき》ニ　當《まさ》ニ二　勉《べん》　励《れい》ス一。

読み　時に及んで當《まさ》に勉励すべし《ベシ》。

意味　そのときになったら当然がんばるべきだ。

見《まみ》ユ

読　まみゆ

意　会う

例文　孟《まう》　子《し》　見《まみ》ユ二　梁《りやう》ノ　恵《けい》　王《わう》ニ一。

読み　孟子梁《りやう》の恵王《けいわう》に見《まみ》ゆ。

意味　孟子が梁の恵王に会った。

(注)「会見」という二字熟語を思い出せ。

寧ロ　――――　トモ

読　むしろ――とも

意　～であったとしても

例文　寧《むし》ロ　爲《な》ルトモ二　鶏《けい》　口《こう》ト一、無《な》カレ　爲《な》ル二　牛《ぎう》　後《ご》ト一。

読み　寧《むし》ろ鶏口と爲るとも、牛後と爲るなかれ。

意味　鶏の口（小さな組織の長）となったとしても牛の後（大きな組織の下級メンバー）になってはならない。

如《もシ》（若《もシ》）

読 もし
意 もし

例文 如《もシ》詩《し》不《ずンバ》レ成《なラ》、罰《ばつハ》依《よ》ニ金《ランきん》谷《こくノ》酒《しゅ》數《すうニ》一。

読み 如《も》し詩成らずんば、罰は金谷の酒數に依らん。

意味 もし詩ができなければ、罰はたくさん酒を飲ませることにしよう。

「如（若）」の入試に出るパターン――用法の識別法

① かえって読んだら「ごとし」……必ず返り点がある。

如《ごとシ》レ水《みづノ》（水の如し）

若《ごとシ》レ飛《ブガ》（飛ぶが若し）

② 「不」と「莫」で「しかず」「しくはなし」……単独で「しく」とは読まない。

不《ず》レ如《しカ》レ――ニ（如《し》かず）↓――に及ばない　――のほうがよい。

莫《なシ》レ若《しクハ》レ――ニ（若《し》くは莫し）↓――が一番だ

③ 文頭にあったら「もし」

如《もシ》――　若《もシ》――

（注）「若」についてのみ「なんぢ」と読む可能性もあるが、ほとんどの場合入試問題にはされない。

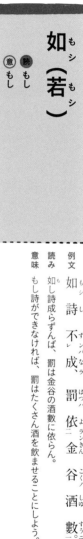

固《もとヨリ》

読 もとより
意 もともと、当然、本質的に

不《ず》レ得《え》レ已《やムヲ》

読 やむをえず
意 やむをえない

良《やや》

読 やや
意 しばらく

之《ゆク》

読 ゆく
意 行く

例文 君《くん》子《し》固《もとヨリ》窮《きゅうス》。小《せう》人《じん》窮《きゅうスレバ》斯《すなはチ》濫《みだル》矣。
読み 君子固《もと》より窮す。小人窮すれば斯《すなは》ち濫《みだ》る。
意味 君子（理想人）だって当然（貧乏などで）苦しむことはある。小人（つまらない人間）は苦しむと何でもかんでもやってしまう。

例文 非《あらズ》二撰《えらビテ》而取《とルニ》レ之《これヲ》。不《ざル》レ得《え》レ已《やムヲ》也《なり》。
読み 撰《えら》びて之を取るに非《あら》ず。已《や》むを得《え》ざるなり。
意味 あれこれ選択してそれに決めたのではない。やむをえなかった。

例文 良《やや》久《ひさシウシテ》造《いたリ》退《しりぞク》。
読み 良《やや》久しうして造《いた》り退く。
意味 しばらくしてやってきてまた帰っていった。

例文 何《いづクニカ》之《ゆカン》。之《ゆク》レ市《いちニ》。
読み 何《いづ》くにか之《ゆ》かん。市に之《ゆ》く。
意味 どこへ行くのだ。市場に行く。

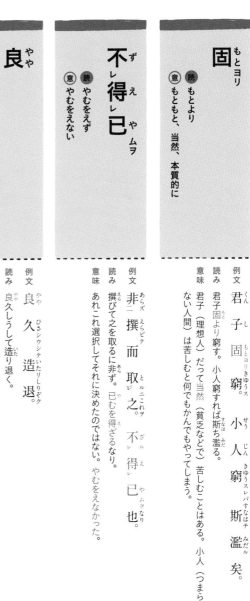

所以《ゆゑん》

読 ゆゑん

意 理由

例文 此《コノ》女《をんなノ》所‐以《ゆえんノ》二不《ざル》レ嫁《とつガ》者《ハ》将《まさニ・すレバナリ》下求《もとメテ》二君《くん》子《しヲ》一以《もつテ》託《たくセント》中吾《わガ》身《みヲ》上。

読み 此の女の嫁がざる所以《ゆえん》の者は将に君子を求めて以て吾が身を託せんとすればなり。

意味 この女が嫁に行かない理由は、君子（理想の人間）を探し求め（彼に）わが身をゆだねようとしているからである。

能《よク》

読 よく

意 ～できる

例文 吾《われ》能《よク》知《しレルモ》二人《ひと》之《の》失《しつヲ》一、而不《ず》レ能《あたハ》レ見《みル》二吾《われ》之《の》失《しつヲ》一。

読み 吾能《よ》く人の失を知れるも、吾の失を見る能《あた》はず。

意味 私は他人の失敗を知ることはできるが、自分の失敗に気がつくことができない。

自《より》・従《より》

読 より

意 ～より、～から

例文 禍《わざはひハ》自《より》レ口《くち》出《いデ》、病《やまひハ》従《より》レ口《くち》入《いル》。

読み 禍《わざはひ》は口より出で、病は口より入る。

意味 わざわいは口から出て（失言悪口して不幸を招き）、病気は口から入る。

宜《よろシク・ベシ》二――――一（ス）

読 よろしく――べし

意 ～するのがよい

例文 用《もちフルハ》レ人《ひとヲ》、宜《よろシク》レ取《とル》二其《そノ》所《ところヲ》レ長《ちやうズル》。

読み 人を用ふるは、宜《よろ》しく其の長ずる所を取るべし《ベシ》。

意味 人を使う場合には、その者の長所を活用するのがよい。

それでは漢字の仕上げに、大学の入試問題で確認しておこう。ここでは、中でもよく出題され、間違えやすい「すなはち＝輒・卽・則・乃・便」の使い方と、「如（若）」の識別に慣れよう。

まずは、九大の問題にチャレンジだ。

入試問題

問 **次の文を読んで傍線部①「卽《すなはチ》」と②「乃《すなはチ》」について意味を選択肢の中から選べ。**

（設問の都合で訓点・送りがなを省略したところがある）

…処①卽チ刺二殺シ虎ヲ一、又入リテレ水ニ撃ツレ蛟ヲ。……②乃チ住キテ尋ヌ二陸ヲ一。

ア　すぐに　イ　そこで　ウ　そのたびに　エ　だから

〈九大〉

〔解き方〕「意味を選べ」と質問されると、たちまち動揺するのが受験生であるが、心配するな。ただ現代語訳を答えればよいだけだ。①の「卽」は「すぐに」、②の「乃」は「そこで」と答えればよい。

答 **①―ア、②―イ**

それでは、次の問題はどうかな？　南山大の問題だ。

入試問題

次の――部①の「便《すなはチ》」と②の「輒《すなはチ》」のこの文脈における意味として最も適当と思われるものを次の中から一つ選びなさい。（設問の都合で訓点・送りがなを省略したところがある）

毎《ごとニ》レ有《ル》レ會《スルコト》レ意《ニ》、①便《すなはチ》欣《きん》然《トシテ》忘《ル》レ食《ヲ》。性嗜《このムモ》レ酒《ヲ》家貧《シクシテ》不レ能《あたハ》二常《ニハ》得《ル》一。親舊知《リ》二其《ノ》如《キヲ》レ此《かくノ》、或《イハ》置《キテ》レ酒《ヲ》而招《ク》レ之《ヲ》。造《いたリ》飲《メバ》②輒《すなはチ》盡《クシ》期《スルハ》在《リ》二必《ズ》醉《フニ》一。

ア　たちまち　イ　かくて　ウ　つまり　エ　そのたびごとに

〈南山大・文〉

〔解き方〕①の「便《すなはチ》」の意味は「すぐに」、②の「輒《すなはチ》」は「そのたびごとに」である。

答　**①―ア、②―エ**

もう一問、「大学入試センター試験」の問題をやってみよう。

於レ是未レ至二単父一、冠《くわん》蓋《がい》ノ迎レフル之ヲ者、交二接ス於道一ニ。子賤曰ハク、「車駆《か》レレ之ヲ車駆レレ之ヲ。夫《か》ノ陽昼之所謂《いはゆる》陽橋ナル者至レリト矣。」於レ是至二単父一、請ヒテ二其ノ耆《き》老《らう》・尊賢ナル者一ニ而与《と》レ之共ニ治ム二単父ヲ一。

〈劉向《りゅうきょう》『説苑《ぜいえん》』による〉

問四 傍線部「於是未至単父」の読み方として、最も適当なものを、次の①～⑥のうちから一つ選べ。

① これによりいまだ単父に至らざるに、
② これによりいまだ単父に至らざれば、
③ これにおいていまだ単父に至らざるに、
④ これにおいていまだ単父に至らざれば、
⑤ ここにおいていまだ単父に至らざるに、
⑥ ここにおいていまだ単父に至らざれば、

〔解き方〕「於レ是《おいテここニ》」は**「ここにおいて」**と読むから正解は⑤か⑥。さらに⑥の文末のように、「レバ」とくれば「則」という漢字があるはず（「レバ則」と覚えておいてくれ！）だが、原文には「則」がないから⑤に決まる。一発！

答 ⑤

これで「すなはち」の問題に関してはどんな方向から攻められても完璧だ。

「如(若)」の識別に慣れよう

今度は「如＝若」の識別を練習しよう。「不如」「莫若」は、P.39でしっかりやっているから、ここでは、「もし」と「ごとし」の場合にしぼった。

問 **次の傍線部①②はどう読むか、送りがなも含めてひらがなで記せ。**（設問の都合で訓点・送りがなを省略したところがある）

①若既ニ不レ出デレ戸ヲ、又《ま》タ不レ讀マンバレ書ヲ、則チ是《こ》レ面スルレ墻《へい》ニ之士、雖《いへど》モニ子羔《かう》原憲之賢一ト、終《つひ》ニ無カランレ済《な》スニ於天下一ニ。子曰ク、「十室之邑《いふ》」、必ズ有ランニ忠信②如レ丘ノ者一焉。

〈南山大・文〉

〔解き方〕①は、**文頭にあって返り点がないから「もし」**。②は**返り点があるから「ごとし」**。ただし、「者《もの》」という体言に続くので「ごときもの」となる。

答 **①もし　②ごとき**

それでは、漢字のしめくくりに、あの東大の入試問題をやって自信をつけよう。ただ、読むだけなんだよ。

問 **次の文章の傍線部①から④の漢字の読みを、送りがなも含めてひらがなで記せ。**（設問の都合で訓点・送りがなを省略したところがある）

范《はん》文正公微《びナリシ》時、嘗《テ》詣《いたリテ》二靈《れい》祠《しニ》一而禱《いのル》レ之《これニ》。曰《いはク》、「他《た》時《じ》得《えン》レ相《しやうタルヲ》乎《やト》。」不レ許《ゆるサレ》。復《まタ》禱《いのリテ》レ之《これニ》曰《ク》、「①不レ然《ンバ》、願《ねがハクバ》爲《たラント》二良《りやう》醫《い》一。」亦《まタ》不《ず》レ許《ゆるサレ》。既《ニシテ》而嘆《ジテ》曰《ク》、「②夫不《ルハ》レ能《ハ》三利二澤《スル》生民《ヲ》一、非二大丈夫平生之志《ニ》一。」他日有《リ》レ人、謂《ヒテ》レ公《ニ》曰《ク》、「大丈夫志《ス》二於相《ヲ》一、理《ハ》則《チ》當《ニシ》レ然《ル》。良醫之技、君何《ゾ》願《ヒシヤ》焉。

無カラン三乃チ失スル二於卑ニ一耶ト。」公曰ク、「③嗟乎、豈ニ爲ナラン㆑是ガ哉。大丈夫之於ケル㆑學ニ也、④固欲ス下遇ヒ二神聖之君ニ一得ンコトヲ上㆑行フヲ二其ノ道ヲ一。然レドモ既ニ不㆑可カラ㆑得矣。夫《か》ノ能《よ》ク行フ二救ヒ㆑人ヲ利スル㆑物ヲ之心ヲ一者ハ、莫キ㆑如クハ二良醫ニ一也ト。」

（『能改齋漫録』）

○范文正公——宋の政治家、范仲淹《えん》のこと　○靈祠——霊験あるやしろ

〔解き方〕①の「不㆑然」は「しからず」、②の「夫」は「それ」、③の「嗟乎」は「ああ」、④の「固」は「もとより」。東大だって、こんな簡単な問題が出るのだよ。どうだい、これで漢文の自信がついただろう。これで、来春の入試はバッチシだ。

答 **①しからずんば　②それ　③ああ　④もとより**

早覚え速答法III

受験のウラわざ

出題者の意図を見抜く方法、
最低限おさえておきたい漢文の文学史、
さらに試験に出る句形と漢字を網羅した
「コレだけ漢文」。
点をとるための最終段階を確認しておこう。

受験のウラわざ 1

出題者のひっかけを見抜く法

熟語による翻訳と説明・注をマークせよ

漢文は二字熟語を使って正解が作られることが多い。なぜなら漢文の設問の中心は現代語訳であり、その現代語訳は二字熟語を使って行われるのが基本だからである。二字熟語によって正解が作られていることを知れば、正解の現代語訳などはすぐに選べるゾ。

以上は正統的な解き方だが、戦法に正攻法と奇襲法とがあるように、漢文の入試にもゲリラ的な解き方がある。実は、説明文や注には解答のヒントや答えそのものがバッチリあることが多い。さぁオモテとウラの二方面から入試戦線を突破しよう！

その1 「熟語による翻訳」で正解をつかめ！

漢文は、基本的に一字の漢字を並べたものであるために、日本人が漢文を訳すときは、一つの漢字を二字熟語に置き換えて訳す傾向が強い。ただし、この二字熟語は、「憎《ぞう》《にくむ》悪《お》《にくむ》」などのように、上も下もほぼ同じ意味のものである。現代の日本人が使っている熟語の多くは実はこの上も下も同じ意味の熟語である。

したがって、設問作者（出題者）は傍線部の現代語訳の選択肢を作るときに、まず、**傍線部中の**

漢字を上も下も同じ意味の二字熟語にする。次に、その熟語をそのまま使って正解の選択肢を作る。たとえば、次にあげた上智大・文の問題は、まさにその代表的な例だ。

問　次の文の傍線部の訳を後ろの選択肢の中から選べ。（設問の都合で訓点・送りがなを省略したところがある）

出《いダシテ》二其《そノ》十《じふ》一《いちヲ》一傭《やとヒ》二平吏《りヲ》一、使司平於我也。

1　公平な秩序が保たれるように、我々官吏に管理させている。
2　大きな暴動や反乱が起きぬよう、我々官吏に治安の維持を任せている。
3　普通の生活水準が保てるように、我々官吏に経済の運営を委ねている。
4　自分たちの不平不満の処理を我々官吏にさせている。

〈上智大・文〉

〔解き方〕この問題は、熟語による「平」の訳を問う問題である。上智大の出題者は、次のようなプロセスで正解の選択肢とヒッカケの選択肢を作っている。

平

←

▼**熟語による訳**　公＝平

←

▼**正解の選択肢**　公平な秩序が保たれるように、我々官吏に管理させている。

←

▼**ひっかけの選択肢**　不《ず》レ平《へいナラ》（＝不平、「平」を否定する意味）

これでわかるように、選択肢の中に問題部分と同じ漢字を使った熟語があれば、それが正解の候補になるのだ。したがって、答えは1となる。

答 **1**

また、たとえ選択肢の中に問題部分と同じ漢字を使った選択肢がなくても設問作成者は、

1　傍線部の漢文

←

2　二字熟語を使って訳す

←

3　二字熟語を他の言葉に言い換え受験生の目をゴマカス

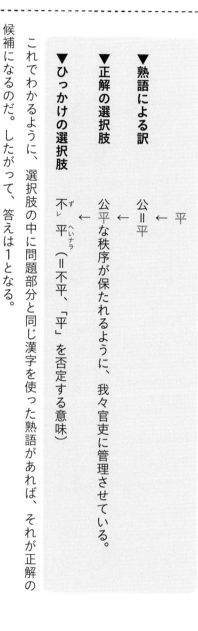

というステップを踏んで正解を作るので、やはり熟語に気をつけながら選択肢に目をこらせばよい。それでは、次の愛知教育大の問題でみてみよう。

問　次の文の傍線部はどういうことか、選択肢の中から選べ。（設問の都合で、訓点・送りがなを省略したところがある）

夫《そ》レ太《たい》山《ざん》ハ不《ず》レ譲《ゆず》ラ二礫《れき》石《せき》ヲ一、江《こう》海《かい》ハ不《ず》トレ辞《じ》セ二小《しょう》流《りゅう》ヲ一。桓《かん》公《こう》曰ク「善《よ》シト」。

1　細小なことにこだわっていたのでは、大事を成しとげることはむずかしい。
2　どんな小さなものもすべて拒まずに受け入れてこそ、大きな存在になれる。
3　あまりにも偉大な存在は、自然と弱小なものを遠ざけてしまうものである。
4　どんなに堅固で強大な存在でも、小さなことに端を発して崩壊に至ることがある。

〈愛知教育大〉

〔解き方〕これは、「辞」を含む二字熟語「辞退」の現代語訳を問う問題である。今まで述べた解き方にそって、出題意図を図示してみると、次のようになる。

辞　↓辞退　（熟語で訳す）

不辞↓辞退しない　←

何でも拒まない（「辞退しない」という熟語訳を言い換え　←
ショクンの目をゴマカス）

すべて拒まず　←

正解＝2

ルールさえつかめばカンタンだろう！　そこで、ユージン先生のキャッチフレーズを一つ。

まとめ

一字の漢字は熟語で訳せ。熟語の訳で正解探せ！

それでは、練習問題をやってみよう。

問　次の漢文の意味として、最も適当なものを1～5のうちから選べ。

其《そ》変《へん》詐《さ》皆《みな》此《この》類《たぐひ》也《なり》。

1　曹操はしばしば奇抜なアイディアで危機をのりきったということ。
2　曹操はいつも巧みなかけひきを用いて人を欺いたということ。
3　曹操は生まれつき冷酷な性質をもっていたということ。
4　曹操には人々を引きつける魅力があったということ。
5　曹操は常にユニークな人物操縦法をとったということ。

答　2

〔解き方〕原文の「変詐」の「詐」に注目すると、「詐」→「詐欺」→欺く」となり、2が正解となる。

その2　「説明・注」に正解のヒントが隠されている！

問題作成者は大学の教員である。したがって、入試問題を作成するプロではない。そのため、時にはとてつもない難問を作ってしまう。そんなとき、彼らは問題を作り直すだろうか？　いや、答えは「ノー！」なのだ。ただでさえ、「イヤダ、イヤダ」と文句をたれながら問題を作るため、彼らは殺されても作り直すことはしない。しかし、その難問のまま出題すると、試験委員会の他の委員から「こんな難しい問題は私でも解けません。○○先生、いくら研究が忙しいからといって手を抜いては困りますなぁ。」という批判を浴びることがわかりきっているため、この先生は、①**問題文の前に「正解をほのめかした説明文」をつけるか**、あるいは②**問題文のあとに「正解をほのめかした注」をつけて**ゴマカソウとする。説明か注をつけておけば、後で何か言われても「いいえ、注を見ればできます」と逃げられるわけである。

以上が問題作成にあたってのキタナイ裏話であり、純粋なショクンは「もっとマジメにやれ！」と言いたいところだが、怒るのはチョット待て。**「説明文」や「注」には「正解がほのめか」されている**のだから、それを使って「正解」を手に入れようではないか。そこで格言を一つ。

まとめ

説明・注で正解つかめ！

それでは、上智大の外国語学部の問題をやってみよう。

問 **次の文の傍線部はどういう意味か。後の選択肢から記号で答えよ。**（設問の都合で、訓点・送りがなを省略したところがある）

有《あ》レバレ憎《にく》シミ二於主《しゆ》ニ一、則《すなは》チ智《ち》不《ず》レ当《あた》ラ、見《ら》レレ罪《つみ》セ而加《くは》フ疏《そ》ヲ。

(注)○疏——疎と同じ

イ　ますます遠ざけられる　　ロ　刑罰を加えられる

ハ　意見書をたてまつる　　ニ　何とか気持ちを通じようと図る

〈上智大・外国語〉

〔解き方〕「○疏——疎と同じ」という注は、どこかとってつけたような気がしないかな。これは明らかに難問をゴマカスためのヒントである。そこで、選択肢の作られ方のルールを使うと次の「正解」に至る。

加　疏
　　↑
㊟——「疏＝疎」
　　↓
▽熟語による訳……………疎遠
　　↓
▽「正解」の選択肢　ますます遠ざけられる

このように、超難関私大の上智大の問題だって説明・注をうまく使うといとも簡単に解けるのだ。　**答 イ**

それでは、練習として、大学入試センター試験の問題をやってもらおう。

次の文章を読んで後の問いに答えよ。（設問の都合で訓点・送りがなを省略したところがある）

大《たい》抵《てい》徐（注1）行却立シ、處《を》リテレ靜ニ觀《み》ルコトレ動ヲ、如（注2）クスレ攻《をさ》ムルガ二堅木ヲ一。先ニシテ二其ノ易《やす》キ者ヲ一而後ニスルコト二其ノ節目ヲ一、如クスレ解クガ二亂繩ヲ一。有レバレ所レ不ルレ通ゼ、則チ姑《しばら》ク置キテ而徐《おもむろ》ニ理《をさ》ムレ之ヲ。此レ讀書之法也。

（注1）徐行却立――ゆっくり進みまた立ちどまる。　（注2）攻――細工する。

問 筆者は、読書の方法として、まず熟読精思し、解釈に疑問が生じた場合にはどうすべきだといっているか。最も適当なものを、次の①～⑤のうちから一つ選べ。

① 似て非なる説を敬遠する読み方をすべきである。
② それぞれの説の特徴をとりいれた読み方をすべきである。
③ 最初に自説にかなった説を選ぶ読み方をすべきである。
④ 諸説の是非をゆっくり検討していく読み方をすべきである。
⑤ 前後の文脈から解決の手がかりを求める読み方をすべきである。

〈センター試験〉

〔解き方〕（注1）の「ゆっくり進みまた立ちどまる」があるから「ゆっくり」を含む④が正解。これではあまりに乱暴すぎると文句を言い大学入試センターに不信感をもつ受験生がいるかもしれない。しかし、手を抜いているのはこの設問作成者なのだから、こっちも手を抜こうよ。

でも、オーソドックスでノロマな文脈把握が好きな人もいるからもう少し解説をしておこう。文の最後が「此れ読書の法なり」であるから、「此れ」という指示語の内容をつかむと、直前の「徐に之を理む」である。そしてその「徐」のくわしい内容が「徐行却立」の説明をしている（注1）「ゆっくり…」なのである。

答 4

このように文脈を説明することも可能であるが、私を信じなさい。必ず**「説明・注には答えがあるのだ！」**

受験のウラわざ

23分間記憶事項

漢詩も文学史もほとんど出ないが、コレだけは…

「漢文で文学史は出題されないのですか？」という質問を、ボクが教えている予備校の受験生からよく聞くが、ズバリ答えよう。出る分野は**「春秋・戦国時代の思想史」**と**「有名な詩人たち」**の二つだけであり、その中でも出題されるのは、日本の古典文学の一部を形成する有名な漢文に関連するわずかな事項なのだ。他の参考書にはイロイロと入試に出ないことが書いてあるが、たとえば春秋時代の「兵家」などは絶対に試験に出ない。兵法家としての「孫子」は有名だが文学として認められていないからである。あるいは清の時代の詩人も出題されない。詩人の名前が有名でないからなのだ。だから、ひたすらP. 184の「コレだけ文学史」の赤字の部分だけを暗記してネ。

一方、漢詩は出題する大学が少ないので、次に述べることだけをおさえておいてくれ！

漢詩のコレだけ暗記事項

漢詩を出題する大学はとても少ないため、神経質になることはなく、さまざまな種類の漢詩を覚える必要もない。私がコレだけ暗記事項を作っておいたから、赤字のところだけ覚えておいてくれ。

	唐以前				唐					
詩体	古体詩《こたいし》				近（今）体詩					
形式	古詩			楽府《がふ》	絶句《ぜっく》		律詩《りっし》		排律《はいりつ》	
	四言古詩	五言《ごごん》古詩	七言《しちごん》古詩		五言絶句	七言絶句	五言律詩	七言律詩	五言排律	七言排律
規則　一句の字数	四字	五字	七字	長短混入	五字	七字	五字	七字	五字	七字
規則　句数	不定				四句		八句		十句以上	
規則　押韻	種々あり	毎句末　偶数句末　換韻			偶数句末	第一句末と偶数句末	偶数句末	第一句末と偶数句末	偶数句末	第一句末と偶数句末
規則　平仄	不定				一定					
構成	不定　解（韻ごとの一まとまり。一段落のこと）をもつ長い詩もある。				起―第一句、承―第二句　転―第三句、結―第四句		首―第一聯　頷―第二聯（対句）　頸―第三聯（対句）　尾―第四聯		首・頷・頸・腹《ふく》・後《こう》・尾など。対句あり。	
「作品例」（制作時代）	「詩経」に多い。（周）	『文選』など。（漢・魏晋《ぎしん》六朝・唐）	『垓下歌《がいかか》』など。（漢・魏晋六朝・唐）	『楚辞《そじ》』など。（漢・魏晋六朝・唐）	『春暁』『静夜思』など。	『山行』『楓橋夜泊』など。	『春望』『送友人』など。	『登高』『黄鶴楼《こうかくろう》』など。	『白帝城懐古』など。	杜甫の四首のみ。
					（唐）					

◆押韻がわからない、あるいは忘れやすい人のために…韻の問題偶数句

「押韻」とは、母音または子音を同じ音にそろえることをいうが、漢詩の場合には句末の漢字の母音をそろえる現象が見られる。そしてこれを使った問題は空欄補充の形で同じ母音の漢字を答えさせるものである。

この押韻は、「七言律詩は第一句と偶数句」「七言絶句は第一句と第二句と…」などと覚えはじめると覚えきれないし、どっちみちそんなことは受験では使えない。受験で役に立つのは、次のルールのみである。

偶数句の母音をそろえろ！ ※漢語の母音＝山san、間kan、淡tanのanのように、前半の子音s、k、tを除く後半の音。

受験で問うのは「偶数句は押韻」という原則だけだから、他の押韻原則は無視してもよい。それでは練習問題でおさらいをしておこう。

次の詩を読んで、後の問いに答えよ。（設問の都合で、訓点・返り点と送りがなを省略したところがある）

白髪被《かうむリ》二兩鬢《びんニ》一　肌膚不二復《タ》實《みタ》一

雖《モ》レ有《リト》二五男兒一　總《ベテ》不レ好《マ》二紙筆《ヲ》一

阿舒ハ已ニ二八ナルニ　懶《らん》惰《だ》故ヨリ無シレ□
阿宣ハ行《ゆくゆク》志學ナルニ　而モ不レ愛セ二文術一ヲ
雍ト端トハ年十三ナルモ　不レ識ラ二六ト與《と》ヲ㆑七
通子ハ垂《なんなんトシテ》二九齡一ニ　但《たダ》覓《もとム》二梨ト與ヲ㆑栗
天運苟《いやシクモ》如《ごとクンバ》レ此《かくノ》　且《しばらク》進メン二盃中ノ物一ヲ

（陶淵明「責子」）

問 問題文中の空白部には、「たぐひ」という語がはいる。次の1～4から適当なもの一つを選べ。

1 類　2 匹　3 倫　4 比

〈日本大・商〉

〔解き方〕難しいことは考えず、ただひたすら「偶数句」を見ると、「實 JITU」「筆 HITU」と続いていくことがわかるから、答えは「ITU」という音を含む「匹 HITU」が正解。「匹」は「ひき」ではないのかと反論する人は、「匹敵」という熟語を覚え、P.170の「熟語による翻訳」の所を見なさい。なお、偶数句末が使えない奇問は、同音多用という本質から、音の多数派が正解。

答 2

コレだけ文学史

古文の「文学史」に比べたらわずかなもの。漢文では春秋・戦国時代の思想家と唐前後の詩人しか出ない。赤字だけ覚えればよい。（あとは教師用の材料だ）

【詩人の系譜】

年代		主な詩人
戦国時代（紀元前3世紀）		屈原『楚辞』
晋（4～5世紀）		陶潜（陶淵明）
唐代	初唐	王勃《おうぼつ》・楊炯《ようけい》・盧照鄰《ろしょうりん》・駱賓王《らくひんのう》（以上、初唐の四傑）・魏徴《ぎちょう》・劉廷芝《りゅうていし》
	盛唐	李白《りはく》・杜甫《とほ》・王維《おうい》（以上、盛唐三大詩人）・孟浩然《もうこうねん》・王昌齢《おうしょうれい》・王之渙《おうしかん》
	中唐	白居易《はつきょい》（白楽天）・柳宗元《りゅうそうげん》・韓愈《かんゆ》・元稹《げんしん》・張籍《ちょうせき》・賈島《かとう》・李賀《りが》
	晩唐	杜牧《とぼく》・李商隠《りしょういん》・温庭筠《おんていいん》
宋		蘇軾《そしょく》（蘇東坡《そとうば》）・王安石《おうあんせき》・梅尭臣《ばいぎょうしん》・陸游《りくゆう》・范成大《はんせいだい》
元		（詩のかわりに、劇〈曲〉が流行した）
明		高啓《こうけい》
清		沈徳潜《しんとくせん》

【中国古代思想一覧】―諸子百家―

諸子百家とは、春秋戦国時代に現れた多くの思想家（また、その学派・学説）の総称

※代表的なもののみ。

思想とキーワード		B.C.770 周 B.C.600	春秋時代 B.C.500 B.C.403	戦国時代 B.C.400 B.C.300 B.C.221	秦 B.C.200
法家《ほうか》	信賞必罰：信《まこと》に賞《ほ》め必ず罰す（成功すれば必ず利益を与え、失敗すれば必ず処罰する。）	管仲『管子』――	――	――商鞅《しょうおう》『商子（商君書）』―韓非《かんぴ》『韓非子』	
儒家《じゅか》	仁（他人に対する思いやり） 礼（他人を思いやる行動）		孔丘《こうきゅう》（孔子）『論語』――	孟軻《もうか》（孟子）性善説『孟子』 荀況《じゅんきょう》（荀子）（性悪説）『荀子』	
道家《どうか》	無為《むい》（人為を否定し、あくせくしない） 自然（ありのまま）		老聃《ろうたん》『老子』――	楊朱《ようしゅ》（楊子） 荘周（荘子）『荘子』 列禦寇《れつぎょこう》（列子）『列子』	
墨家《ぼっか》	非攻（攻撃しない） 兼愛（平等に愛する）			墨翟《ぼくてき》（墨子）『墨子』	
				縦横家《じゅうおうか》　蘇秦《そしん》〈合従説《がっしょうせつ》〉 張儀《ちょうぎ》〈連衡説《れんこうせつ》〉	

受験のウラわざ

3 早覚え速答法・総集編

10分で読め、60分で暗唱できるコレだけ漢文

「試験に出る句形と重要漢字だけで書かれた漢文があったら、さぞ便利だろう」と思い始めて7年め。ついに「コレだけ漢文」が誕生した。私に加え、友人の中国人および先輩のN大学教授の二人の協力を得て、試験に出る句形と重要漢字だけで書いたのはもちろんのこと、キミたちの負担を減らすためにできるだけ短くしてある。10分以内でザッと読み、残りの50分音読すれば、キッと頭に入るだろう。この漢文から必ず出題される。だから、これこそキミらに合格を保証する呪文の漢文なのだ。

なお、この漢文の使い方は勉強の進度によって異なる。

①漢文の得意な人→いきなり漢文を読み、わからないところを書き下し文と現代語訳で確認する。

②漢文の不得意な人→まず書き下し文を音読し、現代語訳を頭に入れて漢文を読み始める。

漢文の内容は、受験の本質を体得した漢文教師「楊朱進《ヤンチユーチン》」（ボクと友人の中国人と先輩の大学教授の総合ペンネーム）とマジメな受験生との対話である。まず、楊《ヤン》先生が受験生のまちがった勉強ぶりをからかい、受験生が反論する。受験生は次第に楊《ヤン》先生の語る受験の本質**（出る所は決まっている）**を理解し、ついには先生の弟子となる。そして、最後に楊《ヤン》先生が漢文の勉強法を語っておしまいとなる。内容は受験勉強法、言葉は出題範囲。これだけやれば合格だ！

暗唱例文

考試之道　楊《ヤン》朱進《チユーチン》

問《フ》レ君《ニ》。

「若《なんぢ》使《ム》二己《ヲシテ》常《ニ》向《ハ》レ机《ニ》一。何為《レゾ》不《ざル》二措《イテ》レ筆《ヲ》而休《マ》一？

世界《ハ》広大、必《ズ》有《リ》二適所一。何《ゾ》不《ざル》三往《キテ》而探《ラ》二其《そ》

処《こヲ》一乎《やト》？」

對《こたへテ》曰《ク》「如《シ》不《レバ》レ過《ギ》二考試《ヲ》一、則《チ》必《ズ》為《ル》二人《ノ》所《ト》レ輕《ンズル》。学《ブコト》

及《ビテ》二十有八年《ニ》一而見《るルハ》レ侮《ラ》、非《ザル》二本意《ニ》一也。豈《あニ》避《ケテ》二考

試《ヲ》一求《メン》二安楽《ヲ》一哉《や》！将又、童蒙《スラ》且《ツ》励《ム》レ学《ニ》、況《ンヤ》青

年《ヲ》乎《や》！是《ヲ》以《テ》不《ト》レ可《カラ》レ不《ル》レ学《バ》。」

重《ネテ》問《フ》。「学《ブ》者未《ダ》三必《ズシモ》得二富貴《ヲ》一。故《ニ》不《ル》レ学《バ》者自《ラ》

以為《おもヘラク》不《ト》レ足《ラ》二強《ヒテ》学《ブニ》一。」

對《ヘテ》曰《ク》「雖《モ》四学《ブ》者不《ト》三必《ズシモ》為《ラ》二富貴《ト》一、不《ル》レ学《バ》者《ハ》不レ如《カ》二学《ブ》者《ニ》一。孔子曰《ク》『学《ンデ》而時《ニ》習《フ》レ之《ヲ》、不二亦説《バシカラ》一乎《やト》!』故《ニ》未《ダ》レ学《バ》者《ハ》安《クンゾ》知《ラン》二学《ブ》者之楽《シミヲ》一哉《や》!又古人曰《ク》『無《シ》二人《トシテ》不《ルハ》レ学《バ》。是《レ》所以《ゆゑん》三分《カツ》二人《ト》与《とヲ》レ獣之《の》者《もの》也』《ト》夫《そレ》学《ンデ》然《ル》後《ニ》知《ル》二悪《ミ》レ悪《ヲ》好《ムヲ》レ美《ヲ》。且《ツ》所《いは》謂《ゆる》考試之道者《は》勉励而《の》已《み》矣!不《ンバ》レ弛《マ》則《チ》未《ダ》二嘗《テ》不《ンバアラ》レ通《ラ》二考試《ヲ》一也!吾与《よリハ》三其《ノ》執《ル》二不《ル》レ学《バ》之愚《ヲ》一、寧《ロ》択《バント》二学之苦《ヲ》一。」余説《キテ》曰《ク》、「汝不レ知《ラ》二考試之態《ヲ》一。豈《あに》不《ず》レ愚《カナラや》哉。蓋《けだシ》於《テハ》二考試《ニ》一、固《ヨリ》所レ出《ヅル》定《マレリ》矣。知《レバ》レ所《ヲ》レ出《ヅル》、則《チ》縦《たとヒ》試《ミルトモ》二哈《は》大《ヲ》一不レ危《フカラ》。如《シ》不《ンバ》レ知《ラ》レ所《ヲ》レ出《ヅル》、久《シク》浪《シテ》而尚《ホ》不レ能《ハ》二合格スルコト一。故ニ古《こ》諺《げん》ニ曰ク『苟シクモ知レバ二真諦《たい》ヲ一、無シ二学トシテ不ルハ一レ進マ。不レバレ知ラ二真諦ヲ一、無シト二人トシテ不ルハ一レ失ハ。』夫《そ》レ有ルハレ限リ二於時ニ一、猶ホシレ有ルガレ限リレ生ニ。不シテレ知ラレ所ヲレ出ヅル而欲スルハレ通ラント二考試ニ一、豈惟ダ費ヤスノミナランヤレ時ヲ、又従ッテ而消スレ命ヲ。嗟《あ》乎《あ》。不二亦タ悲シカラ一乎《や》ト。」

曰ク「我過テリ矣。今《い》者《ま》慎ミテ而受ケン二先生之訓ヲ一。請フラクハ先生令メヨト二吾ヲシテ大学之徒タラ一。」

予曰ク「汝能ク記ス乎《か》ト。」

乃チ曰ク「汝能ク誦スル乎《か》ト。」

對ヘテ曰ク「不レト能ハ。」

對ヘテ曰ク「誦ナレバ則チ可ナリト。」

曰ク「足レリ矣。考試之道ハ莫シレ若クハレ誦スルニレ文ヲ。考試ハ問ヒ二

訓読《ヲ》㆒、非《ズ》㆑問《フニ》㆓漢語《ヲ》㆒。一《タビ》誦《スレバ》㆑文《ヲ》輒《チ》熟《ス》㆑訓《ニ》。於《テ》㆑是《ニ》勉《メテ》而誦《セヨト》㆑文《ヲ》。」

對《ヘテ》曰《ク》「有《リテ》㆓人《ノ》恥《ヅル》㆑誦《ヲ》者㆒而辱《ムレバ》㆓吾《ノ》誦《スルヲ》㆒何如《ト》。」

曰《ク》「不㆑可《カラ》㆓如何《トモス》㆒。恥《ヅル》㆑誦《ヲ》者《ハ》制《セラルル》㆓於勉《ムル》㆑誦《ニ》者《ニ》㆒耳《のみ》。何《ノ》恥《ヅルコトカ》之《レ》有《ラン》。彼聞《キ》㆔所㆓-以《ヲ》汝之成《ス》㆒㆑功《ヲ》、而敢《ヘテ》不《ラン》㆑悔《イ》乎《やト》。」

又曰《ク》「参考之書《ハ》如何《セント》。」

曰《ク》「其《ノ》類《たぐひ》不㆑可《カラ》㆓勝《ゲテ》数《フ》㆒。且《ツ》悪書《ハ》常《ニ》有《レドモ》而良著《ハ》不㆓常《ニハ》有《ラ》㆒。近時《ノ》倭人不《シテ》㆑能《ハ》㆑作《ス》㆓文《ぶん》言《げんヲ》㆒而著《ス》㆓参考之書《ヲ》㆒。此《これハ》是《こレ》所㆓-以多《ク》犯《ス》㆒㆑過《ヲ》也。学《ブ》㆑誤《ヲ》之害《ハ》甚《ダシ》㆓於不《ル》㆑学《バ》之弊《ヨリ》㆒。於《テ》㆑我《ニ》作《スコト》㆔文言《ト》与《とヲ》㆓

和語、如運之掌。加之、余多年考究所
諸人之陥於考試矣。纂其要而作此
書、参考之書莫優焉。然則且通考試
者須始自我書。願購此書誦此文。予
以所數《しばしば》出之辞而爲《つくる》此文。誦文者《こと》衆、
則不期年而終記文。使口唇憶全文、
自《おのづから》通考試。嗟《あ》呼《あ》、奈《いか》此善方何。」

【書き下し文】

※新旧の字体に慣れてもらうため、旧字は新字に変更した。

君に問ふ。

「若己《なんぢおのれ》をして常に机に向はしむ。何為《なんす》れぞ筆を措《お》いて休まざる？ 世界は広大、必ず適所有り。何ぞ往《い》きて其処《そこ》を探らざるや？」と。

対《こた》へて曰《いは》く「如《も》し考試を過ぎざれば、則ち必ず人の軽んずる所と為る。学ぶこと十有八年に及びて侮《あなど》らるるは、本意に非ざるなり。豈《あ》に考試を避けて安楽を求めんや！　将又《はたまた》、童蒙《どうもう》すら且《か》つ学に励む、況《いは》んや青年をや！　是《ここ》を以て学ばざるべからず」と。

重ねて問ふ。「学ぶ者未だ必ずしも富貴《ふうき》を得ず。故に学ばざる者自ら以為《おも》へらく強《し》ひて学ぶに足らず」と。

対《こた》へて曰く「学ぶ者必ずしも富貴と為らずと雖《いへど》も、学ばざる者は学ぶ者に如かず。孔子曰く『学んで時に之を習ふ、亦《ま》た説《よろこ》ばしからずや！』と。故に未だ学ばざる者は安《いづ》くんぞ学ぶ者の楽しみを知らんや！　又古人曰く『人として学ばざるは無し。是れ人と獣とを分かつ所以《ゆゑん》の者なり』と。夫《そ》れ学んで然る後に悪を悪《にく》み美を好むを知る。且つ所謂《いはゆる》考試の道は勉励のみ！　弛《たゆ》まずんば則ち未だ嘗て考試を通らずんばあらざるなり！　吾其の学ばざるの愚を執《と》るよりは、寧《むし》ろ学の苦を択《えら》ばん」と。

余説きて曰く、

「汝考試の態を知らず。豈愚かならずや。蓋《けだ》し考試に於ては、固《もと》より出づる所定まれり。出《い》づる所を知れば、則ち縦《たと》ひ哈《は》大を試みるとも危ふからず。如《も》し出づる所を知らずんば、久しく浪して尚ほ合格すること能はず。故に古諺《こげん》に曰く『苟《いや》しくも真諦《しんたい》を知れば、学として進まざるは無し。真諦を知らざれば、人として失はざるはなし』と。夫《そ》れ時に限り有るは、猶《な》ほ生に限り有るがごとし。出づる所を知らずして考試に通らんと欲するは、豈惟《た》だ時を費やすのみならんや、又従って命を消す。嗟乎《ああ》。亦《ま》た悲しからずや」と。

曰く「我過《あやま》てり。今者《いま》慎《つつし》みて先生の訓《おしへ》を受けん。請ふらくは先生吾をして大学の徒たらしめよ」と。

予曰く「汝能《よ》く記《しる》すか」と。

対へて曰く「能《あた》はず」と。

乃ち曰く「汝能く誦《しよう》するか」と。

対へて曰く「誦なれば則ち可なり」と。

曰く「足《た》れり。考試の道は文を誦するに若《し》くは莫《な》し。考試は訓読を問ひ、漢語を問ふに非ず。一たび文を誦すれば輒《すなは》ち訓に熟す。是《ここ》に於て勉《つと》めて文を誦せよ」と。

対へて曰く「人の誦を恥づる者有りて吾の誦するを辱《はづかし》むれば何如《いかん》」と。

曰く「如何《いかん》ともすべからず。誦を恥づる者は誦に勉むる者に制せらるるのみ。何の恥づることか之れ有らん。彼汝の功を成す所以《ゆゑん》を聞き、敢《あ》へて悔《く》いざらんや」と。

又曰く「参考の書は如何《いかん》せん」と。

曰く「其の類勝《あ》げて数《かぞ》ふべからず。且つ悪書は常に有れども良著は常には有らず。近時の倭人文《わじんぶん》言《げん》を作《な》す能《あた》はずして参考の書を著す。此《これ》は是《こ》れ多く過《あやまち》を犯《おか》す所以《ゆゑん》なり。誤《あやまち》を学ぶの害は学ばざるの弊より甚だし。我に於て文言と和語とを作すこと、之《これ》を掌《たなごころ》に運《めぐら》すがごとし。之に加ふるに、余《よ》多年諸人の考試に陥《おちい》る所を考究せり。其の要を纂《さん》し此の書を作れば、参考の書焉《これ》より優《すぐ》れたるは莫《な》し。然らば則ち且《まさ》に考試に通らんとする者は須《すべか》らく始むるに我が書よりすべし。願はくは此の書を購《あがな》ひ此の文を誦せんことを。予数《しばしば》出づる所の辞を以て此の文を為《つく》る。文を誦する者衆《ことおほ》ければ、則ち期年ならずして終に文を記《しる》せん。口唇をして全文を憶せしむれば、自《おのづか》ら考試に通らん。嗟呼《ああ》、此の善方を奈何《いかん》せん」と。

【意味】

試験の道

君に質問する。

「おまえはいつも自分を机にむかわせているが、どうして筆をおいて休まないのだ。世の中は広く、(勉強なんかしなくても)必ず自分にぴったりした場所があるはずだ。どうしてそれを探しに行かないのだ。」

君は答える。

「もし試験に通らなければ絶対に人に軽蔑されてしまいます。18年間も勉強して侮辱されるのは私の本意ではありません。どうしてテストを避けて安楽を求めましょうか。私はトコトンやります。また、ガキンチョでさえ一生懸命勉強しているのですから、青年が勉学に励むのは当然です。だから勉強しないわけにはいかないのです。」

それではもう一度問う。

「勉強したからといって必ずしも金持ちになったり出世したりするとは限らない。だから勉強しない者は無理に勉強することはないと考えるのだ。」

君が答える。

「勉強する者が必ずしも金持ちになったり出世するわけではないとしても、勉強しない者は勉強する者に及びません。孔子も『勉強し、そのことを自分の時代にあてはめて応用するのは、なんと楽しいことではないか。』と言っています。だから、まだ勉強していない者にどうして勉強することの楽しさが理解できましょうか。できるはずがありません。さらに昔の人が『すべての人は学ぶのだ。このことが人間と動物を分ける理由なのだ。』と言っています。

そもそも、勉強してはじめて悪を憎み美を好むことがわかります。また、いわゆる「試験の道」は努力だけです。怠けさえしなければ、試験に通らないことはありません。ボクは勉強しないときの愚かさよりも、勉強するときの苦難を選びます。」

私は（その非を）説いた。

「おまえは試験の実態を知らない。なんとアホやないか。思うに、試験においてはもともと出る所が決まっている。出る所を知れば、たとえハーバード大学（東大の10倍優秀と考えてください。）を受けたとしても大丈夫だろう。もし出る所を知らなければ、何浪してもやはり合格することはできない。だから『かりにも本当のポイントを知ればどんな学問でも進歩し、本当のポイントを知らなければ、どんな人でも失敗する。』という古いことわざがあるのだ。

そもそも時間に限りがあるのは、ちょうど人生が有限であるのと同じである。（キミは試験に）出る所を知らないで試験に受かろうとしているが、（それは）時間をむだにするだけでなく、さらにそれによって寿命をも費消することになるのだ。ああ、なんと悲しいことではないか。」

言う。

「私が間違っていました。いま謹んで先生の教えを受けたいと存じます。お願いでございます。先生がボクを大学生にしてください。」

私は言った。

「君は覚えることができるかね。」

答えて
「できません。」

そこで言った。

「君は口に出して唱えることはできるかね。」

答えて
「口に出して唱えるくらいならできます。」

私が言う。

「（それで）十分だ。試験の道は文章を音読するのが一番だ。試験では訓読（日本語で読めること）を聞き、中国語（の知識）を質問するのではない。一度文章を音読すればそのたびごとに読みに慣れる。だから一生懸命音読しなさい。」

答えて
「音読を恥ずかしいと考える人がいて、そいつが私の音読をバカにしたらどうしましょう。」

言う。

「どうすることもできない。（ほうっておきなさい。）音読を恥じる者は一生懸命音読する者にしてやられるだけだ。どうして恥じることがあろうか、恥じる必要はまったくない。そいつは君の成功した原因（音読）を耳にして、きっとくやしがるだろう。」

さらに言う。

「参考書はどうしましょうか。」

私が言う。

「その（漢文）参考書のたぐいは多すぎて数えきれない。さらに、悪書はいつも存在するが、よい本がいつもあるとは限らない。最近の日本人は古典中国語（漢文）を書くことができないくせに参考書を書く。これこそたくさんの間違いをする原因なのだ。間違いを勉強する弊害は、まったく勉強しない場合の害よりも多い。私にとって漢文と日本語を書くことは、おちゃのこサイサイじゃ。これに加えて、長年私はみんなが試験でヒッカカル所を研究した。そのポイントを集め、この本を作ったので、参考書としてこれにまさるものはない。

だから、試験に受かろうとする者は必ず私の本から始めるべきだ。この本を買い、この文章を音読してほしいというのが私の願いだ。私は頻出の句形と漢字を使ってこの文章を書いている。この文を何回も音読すれば、一年たたないうちに最終的にはこの文を暗記してしまうだろう。唇に全文を覚えさせれば（スラスラ口をついてこの漢文が出てくるようになれば）自然と試験に合格するだろう。

ああ、このすばらしい方法をどうしようか。」

MEMO

MEMO

著者略歴

田中雄二（たなか　ゆうじ）

1956年生まれ。東京大学法学部卒。入社した住友生命の社長から偶然もらった漢学者の本に感激し、文学部に入りなおして漢籍を学ぶ。趣味は「わかりやすい、受かりやすい」受験参考書を作ること。

編集協力　加藤陽子、西岡小央里、田中智穂、佐藤玲子、大橋直文（はしプロ）

ブックデザイン　高橋明香（おかっぱ製作所）

DTP　株式会社四国写研

印刷所　株式会社広済堂ネクスト

⑮　漢文早覚え速答法　共通テスト対応版

大学受験

BOOKS

共通テスト漢文攻略マニュアル＋私大&記述対策

田中雄二 著

漢文早覚え速答法

【共通テスト対応版】

KANBUN HAYAOBOE SOKUTOUHOU

Gakken

共通テスト漢文攻略マニュアル＋私大&記述対策

田中雄二 著

漢文早覚え速答法［共通テスト対応版］

KANBUN HAYAOBOE SOKUTOUHOU

「考える」力を測る共通テストで必要な点とあぶない点を対比すると次のとおり。

必要！

冷静に事実を把握し、合理的な根拠によって判断する客観的姿勢。

あぶない！

主観的な感情によるあいまいな判断。

合理的根拠の欠落がなんとなくであり、主観的な感情がフィーリングであり、総称してカンとも言う。最初に主張の概要をつかむための「なんとなく」と「フィーリング」はおすすめだ。しかし最後の見極め段階までこれに頼ると必ず誤答にひっかかる。

Gakken

CONTENTS

コレだけ知識　略号一覧

本冊

漢字以外《いがい》の読《よ》み“いがよみ”公式

- シテ…ヲシテは使役
- らる…る・らるは受身
- 比較…シカズと読めるにシクハナシ
- 於…「於」があったら受身か比較
- ンヤ…ンヤが語尾なら必ず反語
- ズヤ…ズヤが語尾なら必ず詠嘆
- 疑？…疑問の語尾は連体形
- ノミ…限定ノミナラず累加モあり
- ズシ…部分否定はズシモとハ
- ンバ…二重否定と仮定はズンバとクンバ
- 強…二重否定は強い肯定
- ヲヤ…スラスラ　ヲヤヲヤ　抑揚句形

コレだけ漢字

- 漢…百字もないよ

受験のウラわざ

- 熟…熟語を作って読みと意味
- 注…「説明・注」に答えあり
- 3…3分間記憶事項

別冊

共通テスト漢文　三つの正解発見法

- 主張…主張のありかは最初と最後と最終設問
- 対比…対比によって主張が展開
- 今……「今の世はまちがっている！」ので主張する

合格川柳　本文に登場する合格川柳一覧

- オシリから　読むとわかるよ　お結論
- 早読みは　最初と最後に　主語述語
- 正解は　正確な訳で　作られる
- 早口で　言えれば　もう身についている
- 早口で　言えば身になる　傍線部
- ちょっと待て　あせって過去問　身につかず
- 取ったから　捨てていいんだ　この問いは
- ありがたや　訳せば　記述はできあがり
- ヒッカケは　主張をずらして作られる
- 正解は　コレだけ知識で　選ばれる

1 共通テスト漢文攻略法

主張をつかめば全問正解

文を読んで、選択肢を見て、時間が足りない！迷ってばっかり！と嘆く受験生におすすめしたい。問題文の最初と最後、そして最終設問の選択肢を見て、筆者の主張を最初につかむ。これが共通テスト漢文を早く、正確に解くコツだ。それはなぜか？

筆者の主張　最初と最後と最終設問でわかる

共通テスト漢文で問題数が六つの場合、

「問6　筆者の主張を次の中から選べ」

これが設問の中心だ。

問1から問5までの問いは、「筆者の主張」を問うこの最終設問のための準備設問だ。だから途中の問いの正解は筆者の主張に関連する。そこで筆者の主張が最初にわかれば、問6に正答できるだけでなく、途中の設問の正解もわかる。

最終設問の表現は年度によって変化する。問題文中の
「生徒B　文章の最後で○○は、［　　］と言っているよね。」
の空欄補充が最終設問として問われたこともあった。しかし問われるのはやはり筆者の主張だ。だからこれをすばやくつかめば満点を取れる。

筆者の主張は、全文の最初と最後にあるので、そこを読めばよい。これは普通の速読術だが、ありがたいことに、筆者の主張は最終設問で問われるので、正解の選択肢は、最初と最後の言葉で作られる。だから、

全文の最初と最後　および
最終設問の選択肢　で
共通する言葉
を探すと、筆者の主張が見つかる。

漢文と現代文で構成される共通テストの場合、読む配分の目安は次だ。

最初：漢文と現代文を1行ずつ（漢文が二つなら1行ずつ）
最後：漢文と現代文であわせて3行

漢文を1行読んだだけでは意味が二割もわからないので、最終設問の選択肢を見て、共通の言葉を探す。そうすると筆者の主張の把握度が増す。そして最終設問の正解候補も見つかる。

そこで、

ステップ1 **最初の2行**を見る　漢文と現代文を1行ずつ（漢文だけなら2行）

ステップ2 **最後の3行**を見る　漢文と現代文をあわせて3行

ステップ3 **最終設問の選択肢**を見る　三つのステップで共通する言葉を探す

という三段階を踏んで、筆者の主張を四割つかみ、あわよくば正解の候補をマークする。最終設問で正解の見当すらつかなくてもかまわない。途中の設問が筆者の主張に立脚して作られているので、三つのステップで論旨の影さえつかめば正答率は上がる。

ただし、この作業に投入できる時間はわずか3分。本番の制限時間20分から逆算すると3分しかない。そこで、

停止ルール **読めない時は、読むのを停止する**

ことが重要だ。送り仮名がなかったり、訳そのものが問われたりしている部分は時間がかかる。3分以内で作業を終えるには、読める所だけ、わかる所だけを読んで、筆者の主張の一部をつかみ、正解の候補を探す。そして

退却ルール **3分以内に、主張をつかむ作業をやめて最初の行にもどる**

どこで作業を切り上げて最初の行にもどるかは、センター試験含め過去問を数題解くとわかってくるので、慣れるまでは7分程度で退却することをおすすめする。

では三つのステップによって出題例を解いてみよう。

例題1（2017年度共通テスト試行テスト）

次の【文章Ⅰ】は、殷《いん》王朝の末期に、周《しゅう》の西伯《せいはく》が呂尚《りょしょう》（太公望《たいこうぼう》）と出会った時の話を記したものである。授業でこれを学んだC組は太公望について調べてみることになった。二班は、太公望のことを詠んだ佐藤一斎《さとういっさい》の漢詩を見つけ、調べたことを【文章Ⅱ】としてまとめた。【文章Ⅰ】と【文章Ⅱ】を読んで、後の問い（問1～7）に答えよ。なお、返り点・送り仮名を省いたところがある。

【文章Ⅰ】

呂尚ハ(1)蓋シ嘗窮困シ、年老イタリ矣。以テ二漁釣ヲ一奸《もと》ム〈注1〉二周ノ西伯ニ一。A西伯将出猟

――2～4行目省略――

号シテレ之ヲ曰フ二太公望ト一。載セテ与倶ニ帰リ、立テテ為スレ師ト。

（司馬遷《しばせん》『史記《しき》』による。）

〈注1〉奸――知遇を得ることを求める。

【文章Ⅱ】

佐藤一斎の「太公垂釣の図」について

愛日楼高等学校二年C組二班

太公垂釣図　佐藤一斎

——漢詩4行分は省略——

——絵画は省略——

不本意にも文王によって周に連れていかれてしまい、
——2行目は省略——
想うに、あなたは牧野で武勇知略を示して殷を討伐した後は、
磻渓の昔の釣磯《つりいそ》を毎夜夢に見ていたことであろう。

幕末の佐藤一斎（一七七二～一八五九）に、太公望（呂尚）のことを詠んだ漢詩があります。太公望は、七十歳を過ぎてから磻渓（渭水のほとり）で文王（西伯）と出会い、周に仕えます。殷との「牧野の戦い」では、軍師として活躍し、周の天下を盤石のものとしました。しかし、その本当の思いは？

C 佐藤一斎の漢詩は、**【文章Ⅰ】**とは異なる太公望の姿を描きました。

ある説として、この漢詩は佐藤一斎が七十歳を過ぎてから昌平坂《しょうへいざか》学問所（幕府直轄の学校）の教官となり、その時の自分の心境を示しているとも言われています。

——コラムは省略——

問7　【文章Ⅱ】の傍線部C「佐藤一斎の漢詩は、【文章Ⅰ】とは異なる太公望の姿を描きました。」とあるが、佐藤一斎の漢詩からうかがえる太公望の説明として適当なものを、次の①～⑥のうちから一つ選べ。

① 第一句「謬りて」は、文王のために十分に活躍することはできなかったという太公望の控えめな態度を表現している。

② 第一句「謬りて」は、文王の補佐役になって殷を討伐した後の太公望のむなしさを表現している。

③ 第二句「心と違ふ」は、文王に見いだされなければ、このまま釣りをするだけの生活で終わってしまっていたという太公望の回想を表現している。

④ 第二句「心と違ふ」は、殷の勢威に対抗するために文王の補佐役となったが、その後の待遇に対する太公望の不満を表現している。

⑤ 第四句「夢」は、本来は釣磯で釣りを楽しんでいたかったという太公望の望みを表現している。

⑥ 第四句「夢」は、文王の覇業が成就した今、かなうことなら故郷の磻渓の領主になりたいという太公望の願いを表現している。

〔解き方〕※ルビと送りがなの歴史的かなづかいは現代かなづかいに変更。

ステップ1 **最初の2行**を見る　**漢文と現代文を1行ずつ**

漢文を見る前に、設問の説明文はゼッタイ注意。

説明・注で正解つかめ！（本冊P.176）により説明文から読む。

「殷《いん》王朝の末期に、周の西伯《せいはく》が呂尚《りょしょう》（太公望《たいこうぼう》）と出会った時の話」

次に漢文の【文章Ⅰ】と現代文（生徒の発表）の【文章Ⅱ】を1行ずつ見る。

【文章Ⅰ】　呂尚（＝太公望）説明文は…窮困し、年老いたり。漁釣を以て周の西伯に知遇を得ることを求めた注1（P.8、1行目）

【文章Ⅱ】は漢文とその訳などで構成されており、訳文は「正解をほのめかした説明文」（本冊P.176）そのものだから、

説明・注で正解つかめ！（本冊P.176）により

漢文の説明＝訳文＝現代文の方だけを1行見ると次のとおり。

【文章Ⅱ】　不本意にも文王によって周に連れていかれ（P.9、1行目）

ステップ2 **最後の3行**を見る　漢文と現代文をあわせて3行

【文章Ⅰ】はむずかしい漢文だから1行だけ読むが、【文章Ⅱ】はステップ1と同様に**説明・注で正解つかめ！**（本冊P.176）により、漢文の説明である**訳文**を最後から2行見ると次のとおり。

【文章Ⅰ】之《これ》を号して太公望と曰《い》う。載せて…帰り、立てて師と為す（P.8、5行目）

【文章Ⅱ】あなたは牧野で武勇知略を示して殷を討伐した後は…昔の釣磯《つりいそ》を毎夜夢に見ていた…（P.9、3・4行目）

ステップ3　最終設問の選択肢を見る

三つのステップで共通する言葉を探すと次のように太字部分が同じだ。

ステップ1　**呂尚**（＝**太公望**）は…漁**釣**を以て…**不本意**にも**文王**によって周に連れていかれ…

ステップ2　号して**太公望**と曰《い》う…**殷**を討伐後は…**釣磯**を毎夜**夢**に見ていた…

ステップ3　問7

①…**文王**のために十分に活躍…という**太公望**の控えめな態度を…

②…**文王**の補佐役になって**殷**を討伐した後の**太公望**のむなしさを…

③…**文王**に見いだされなければ、このまま**釣**りをするだけ…という**太公望**の回想…

④…**殷**の勢威に対抗するために**文王**の補佐役となったが…**太公望**の不満を…

⑤…「**夢**」は、**本来は釣磯**で**釣**りを楽しんでいた**かった**という**太公望**の望みを…

※**本来は○○したかったのに**＝**不本意**（P.9、1行目）ながら今は××している

⑥…「**夢**」は、**文王**の覇業が成就した今…磻渓の領主になりたいという**太公望**の願いを…同じ語句が最も多い⑤を正解候補とし、【文章Ⅱ】の主張は［本来は釣磯で釣りを楽しんでいたかったという太公望の望み］⑤と仮定する。【文章Ⅰ】の主張は［太公望は…西伯に知遇を…求め（P.8、1行目）…西伯が太公望と出会《説明文》…師と為す（P.8、5行目）］だろうか。

これで十分。これが大事。ここで

退却ルール

3分以内に、主張をつかむ作業をやめて最初の行にもどる

そして、見返す余裕はないので、出会う問題から片付けていく。

途中の設問は筆者の主張に関連しているので、【文章Ⅰ】については［太公望は…西伯に知遇を…求め…西伯が太公望と出会…師と為す］、【文章Ⅱ】については［本来は釣りを楽しんでいたかった］と念じながら問題を解く。最後の設問にたどりついたら正解を決めるが、実は問7の正解は⑤だ。あとで全問を用意したから確認してほしい。

例題2（2018年度共通テスト試行テスト）

次の【文章Ⅰ】と【文章Ⅱ】は、いずれも「狙公《そこう》」（猿飼いの親方）と「狙《そ》」（猿）とのやりとりを描いたものである。【文章Ⅰ】と【文章Ⅱ】を読んで、後の問い（問1〜5）に答えよ。なお、設問の都合で返り点・送り仮名を省いたところがある。

【文章Ⅰ】

猿飼いの親方が芧《とち》の実を分け与えるのに、「朝三つにして夕方四つにしよう、」といったところ、猿どもはみな怒った。「それでは朝四つにして夕方三つにしよう、」といったところ、猿どもはみな悦《よろこ》んだという。

（金谷《かなや》治《おさむ》訳注『荘子』による。）

【文章Ⅱ】

楚〈注1〉ニ有リ二養ヒテレ狙《そ》ヲ以テ為スレ(1)生者一。楚人謂フ二之ヲ狙《そ》公《こう》ト一。旦〈注2〉日必ズ部〈注3〉二‐分シテ衆狙ヲ

——2〜7行目省略——

郁《いく》〈注7〉離《り》子《し》曰ハク、「世ニ有ルハ下以テレ術ヲ使ヒテレ民ヲ而無キ二道〈注8〉揆一者上、其レ如キ二狙公ノ一乎。C惟其昏而未レ覚也。一旦有ラバレ開クコトレ之ヲ、其ノ術窮セント矣。」

（劉基《りゅうき》『郁離子』による。）

〈注1〉楚――古代中国の国名の一つ。
〈注2〉旦日――明け方。
〈注3〉部分――グループごとに分ける。

――中略――

〈注7〉郁離子――著者劉基の自称。
〈注8〉道揆――道理にかなった決まり。

問5　次に掲げるのは、授業の中で【文章Ⅰ】と【文章Ⅱ】について話し合った生徒の会話である。これを読んで、後の（ⅰ）〜（ⅲ）の問いに答えよ。

生徒A　【文章Ⅰ】のエピソードは、有名な故事成語になっているね。

――中略――

生徒B　【文章Ⅱ】の最後で郁離子は、［Z］と言っているよね。

生徒C　だからこそ、【文章Ⅱ】の猿飼いの親方は、「其の術窮せん。」ということになったわけか。

――（ⅰ）（ⅱ）は省略――

（iii） Z に入る最も適当なものを、次の①～⑤のうちから一つ選べ。

① 世の中には「術」によって民を使うばかりで、「道揆」に合うかを考えない猿飼いの親方のような者がいる

② 世の中には「術」をころころ変えて民を使い、「道揆」に沿わない猿飼いの親方のような者がいる

③ 世の中には「術」をめぐらせて民を使い、「道揆」を知らない民に反抗される猿飼いの親方のような者がいる

④ 世の中には「術」によって民を使おうとして、賞罰が「道揆」に合わない猿飼いの親方のような者がいる

⑤ 世の中には「術」で民をきびしく使い、民から「道揆」よりも多くをむさぼる猿飼いの親方のような者がいる

〔解き方〕

ステップ1 **最初の2行**を見る　漢文と現代文を1行ずつ

現代文の【文章Ⅰ】と漢文の【文章Ⅱ】を1行ずつ見る。**説明・注で正解つかめ！**（本冊P.176）により説明文と注を使うと次のとおり。

【文章Ⅰ】猿飼いの親方が…実を分け与えるのに、「朝三つにして夕方四つにしよう、」…猿どもはみな怒った。

【文章Ⅱ】楚の国[注1]に狙《そ》（サル）[説明文]を養いて以て生を為す者有り。楚人之《これ》を狙公（猿飼いの親方）[説明文]と謂《い》う。明け方[注2]必ず衆狙をグループごとに分け[注3]

ステップ2 **最後の3行**を見る　漢文と現代文をあわせて3行

現代文の【文章Ⅰ】は2行しかないので後半の1行と、漢文の【文章Ⅱ】の最後の2行を見ると次のとおり。

【文章Ⅰ】「それでは朝四つにして夕方三つにしよう、」…猿どもはみな悦んだ

【文章Ⅱ】「世に術を以て民を使いて『道揆：道理にかなった決まり[注8]』無き者有るは、其《そ》れ狙公のごときか―傍線部C―一旦之《いったんこれ》を開くこと有らば、其の術窮《きゅう》せん。」と（P.14、8・9行目）

ステップ3 **最終設問の選択肢**を見る

三つのステップで共通する言葉を探すと次のように太字部分が同じだ。

ステップ1　楚の国に…楚人これを**狙公（猿飼いの親方）**という。

ステップ2　世に**術を以て**民を使いて**道揆**　**無き**者有るは…**狙公**のごときか。

ステップ3　問5（ⅲ）

①…**「術」によって**民を使う…**道揆**に合うかを考え**ない猿飼いの親方**のような者

※「術」によって＝術を以《もっ》て（P.14、8行目）　※ない＝無き（P.14、8行目）

②…「術」を…変えて民を使い…**道揆**に沿わ**ない猿飼いの親方**のような者

③…「術」をめぐらせて民を使い…**道揆**を知ら**ない**民に反抗される**猿飼いの親方**

④…**「術」によって**民を使おう…賞罰が**道揆**に合わ**ない猿飼いの親方**のような者

⑤…**「術」**で民をきびしく使い、民から**道揆**よりも多くをむさぼる**猿飼いの親方**のような者

※「術」で＝術を以《もっ》て（P.14、8行目）

同じ所が多い①と④を正解候補とし、筆者の主張は

世の中には「術」によって

①民を使うばかりで、「道揆」に合うかを考えない猿飼いの親方のような者がいる

④民を使おうとして、賞罰が「道揆」に合わない猿飼いの親方のような者がいる

と考えておく。これで十分。これが大事。ここで

退却ルール　**3分以内に、主張をつかむ作業をやめて最初にもどる**

途中の設問は筆者の主張に関連しているので、【文章Ⅱ】については、「世の中には術によって民を使い、「道揆：道理にかなった決まり」…ない…者がいる」と念じながら問題を解く。

【文章Ⅰ】は共通する言葉が少なかったため、ステップ3で使わなかったが、途中の設問の根拠になるからステップ1と2の作業は無駄にはならない。あとで全問を用意したから確認してほしい。

主張の展開

対比に注意！でわかる

例題1の場合、正解の候補は簡単に一つに絞れたが、逆に、選択肢を一つしか消去できず、正解候補が四つの場合もある。そこで主張の展開と主張の動機を使う。

主張は「対比」を使って展開される。たとえば私がアイドル評論家としてAとBの二人について書く場合、二人を露骨に対比しないと言いたいことは読者に届かない。そこで次のように書く。

「Aがイイなんて、みんなだまされているだけだ。Aは最新の整形技術を駆使して瞳《ひとみ》の輝きを増し…」などと書いてAをこきおろした後でBをとりあげ、「Bは貧しい家庭に育ちながらその歌唱力は…」と書きまくってBをもちあげる。漢文でもストレートに「甲はダメ、乙はヨイ」と対比する。そしてこの対比が設問の正解になる。そこで**対比に注意！**で正解がわかる。

主張の動機

今の世はまちがっている!でわかる

文を書く理由は、「Aがイイなんて、みんなだまされているだけだ!」と私が嘆いたように、目の前の現実に対する強い不満だ。共通テスト漢文の場合、筆者が政治家ならば、「今の政治はまちがっている」と非難し、書き手が学者ならば、「世間の常識は**まちがっている**」と叫ぶ。こうして文章が生まれ、試験に出る。この時漢文の伝統的キーワードは「今」「世」「まちがっている」の三つ。だから

今の世はまちがっている!で問題が解ける。

では実際に、「対比に注意!」と「今の世はまちがっている!」で例題を解いてみよう。この問題文は漢文のみの出題を想定しているが、現代文と漢文を併用する共通テストでも解き方は同じだ。

例題3

大《たい》〈注1〉観《くわん》ノ末、魯〈注2〉公責《つと》メテ二宮《きゆう》祠《し》ヲ一帰ル二浙《せつ》〈注4〉右《いう》ニ一。吾侍シテレ公ニ舟行シ、一日過《よぎ》リ二新《しん》〈注5〉開《かい》湖《こ》ニ一、睹《み》ル二漁〈注6〉艇ノ往還上下スルヲ一。魯公命ジテレ吾ニ呼ビ二得テ一艇ヲ一来タラシメ、戯レニ售《か》フコトレ魚ヲ

——3行目後半～10行目省略——

吾毎《つね》ニ以ツテ思フレ之ヲ。今人ノ被《き》ルハ二朱〈注10〉紫ヲ一、多キモ下道《(イ)》ヒテ二先〈注11〉王ノ法言ヲ一、号シ二士君子ト一、又タ従ヘ二騶《すう》〈注12〉哄《こう》ヲ一、坐シテ二堂上ニ一、曰フモノ中貴人ト上、及ベバ下一タビ触レ二利害ニ一、校《くら》ブルニ中秋〈注13〉毫ヲ上、則チ其ノ所レ守ル、未ダ三必ズシモ能ク尽クハ附セ二新開湖ノ漁人ニ一也。故ニ書ス。

（蔡條《さいとう》『鉄囲山叢談』による。）

〈注1〉大観——宋代の年号（一一〇七～一一一〇）。
〈注2〉魯公——筆者の父、蔡京《さいけい》。
〈注3〉責二宮祠一——祭祀《さいし》の任を担う。
〈注4〉浙右——浙江《せっこう》の西の地域。
〈注5〉新開湖——現在の江蘇省にあった湖。
〈注6〉漁艇——小型の漁船。

——中略——

〈注10〉朱紫——高位高官の者が身につける服。
〈注11〉先王法言——昔の聖王の遺《のこ》した、のっとるべき言葉。
〈注12〉騶哄——貴人を先導する従者。さきばらい。
〈注13〉秋毫——わずかなもの。

問6　筆者は、この新開湖での出来事に触れながら、どのようなことを言おうとしているのか。最も適当なものを、次の①〜⑤のうちから一つ選べ。

① 当節の高官の中にも、わずかな利害にとらわれず節操を守ることのできる者がいて、彼らは新開湖の漁師のような隠者と心を通じ合える、ということ。

② 当節の高官の中には、わずかでも利害がからむと節操を守ることのできない者がおり、彼らは新開湖の漁師に及ばない、ということ。

③ 当節の高官の中にも、わずかな利害にとらわれず節操を守ることのできる者がいて、彼らは新開湖の漁師にまさる、ということ。

④ 当節の高官の中には、わずかな利害にさとく了見の狭い者が多いので、彼らは新開湖の漁師のような隠者とは心を通じ合えない、ということ。

⑤ 当節の高官の中にも、わずかな利害にとらわれず昔の聖王の言葉を守っている者がおり、彼らは新開湖の漁師に劣りはしない、ということ。

〔解き方〕

ステップ1　**最初の2行**を見る

2行全部読める。注を見ながら読むと次のとおり。

大観の末、父[注2]祭祀の任を担って[注3]浙右に帰る。われ父[注2]に侍して舟行し、一日新開湖によぎり、漁艇の往還上下するをみる。

ステップ2 **最後の3行**を見る

「道ヒテ」が波線部(イ)となっているが、コレだけ漢字「道(いふ)＝言う」(本冊P.142)なので読める。そこで最後の3行は全部読めるが、長いので楽をしよう。

筆者の主張で一番大事な

結論は最後に来る

のだから、

末尾からながめる

ことによって読める所だけを読むのがコツだ。

川柳 合格

オシリから　読むとわかるよ　お結論

そこで文のオシリからながめると、末尾は「故に書す：だから書いた」なので、その前が結論。でも前の文の11〜13行目は長い。そこでさらに楽をしよう。

最初と最後で　筆者は主張

が文章の大原則なので、最後の3行でもできるだけ中を飛ばして

最初と最後を読む

ことで要点はつかめる。もし長い一文になっていれば、

主語と述語を読む

だけで十分だ。そこで一句。

合格川柳

早読みは　最初と最後に　主語述語

11〜13行目の最初と最後が次のように主語・述語になっているので、そこだけ読む。

「今《主語》の人の朱紫を被《き》る（注10高官）は…新《述語》開湖の漁人に附せざるなり」

ステップ3　最終設問の選択肢を見る

ウットーシーほど長い選択肢の文なので、ステップ2と同じ作業をする。結論の来る後半に着目し、主語・述語で整理すると、たとえば②は次のとおり。

「彼《主語》らは、新《述語》開湖の漁師に及ばない」

ここで「彼ら」は直前の「高官の中…者」だ。こうしておいて共通する言葉を探すと、次の対比が登場する。

X		
ステップ2	11行目	今の人の朱紫を被《き》る（注10高官）
ステップ3	選択肢①〜⑤	当節（＝今）の高官

Y		
ステップ1	1・2行目	新開湖　漁艇（注6漁船）
ステップ2	13行目	新開湖の漁人
ステップ3	選択肢①〜⑤	新開湖の漁師

XとYの対比

11〜13行目（今人〜也。）

XはYに附せざる**なり**…否定の選択肢は次の三つ。

②XはYに及ばない

④XはYと通じ合えない

⑤XはYに劣りはしない※①「XはYと通じ合える」③「XはYにまさる」には「**ざる＝ない**」がないので、ここで脱落。

続いて［今の世はまちがっている！］という漢文の伝統に従えば、まちがっている！ダメだ！と非難されているのは、「**今**の人の朱紫を被る＝高官」なので、

11行目　今の人の　朱紫を被る＝高官　← ダメ

⟷ 対比

選択肢①〜⑤　新開湖の漁師（のような隠者）　← ヨイ

となる。

ここで選択肢を見ると「高官はダメ・新開湖の漁師はヨイ」とするのは次の二つ。

②高官は　新開湖の漁師　に及ばない
ダメは　ヨイ　に及ばない

④高官は　新開湖の漁師のような隠者　とは心を通じ合えない
ダメは　ヨイ　とは心を通じ合えない

これで②④が正解候補となった。

なお、「高官はダメ、新開湖の漁師（のような隠者）はヨイ」、として残りの選択肢を整理すると次のとおり。

①ダメはヨイと心を通じ合える
③ダメはヨイにまさる↑普通「ダメはヨイに劣る」ので矛盾
⑤ダメはヨイに劣りはしない↑これも矛盾

①について、「ダメ男はヨイ子と心を通じ合える」場合もあるかもしれないが、試験に出る論文の主張は常に明解なので、「ダメはダメ。ヨイはヨイ」。だから原文中に明らかな根拠がない限り、①は正解にならない。

以上で正解候補は二つとなり、筆者の主張の一部は［今の高官はダメ、新開湖の漁師（のような隠者）はヨイ］とわかった。これで十分。これが大事。ここで退却。でも、ついでに便利な正解発見法を紹介しておく。

正解は、原文の正確な訳に基づいて作られる。だからヒッカケ選択肢は訳からずれている。

原文の最後の行を見ると「新開湖の漁人」とある。④「新開湖の漁師のような隠者」は「のような隠者」が原文にない。これで④のヒッカケ度が高まった。正解はおそらく②だろう。あとで全問を用意したから確認してほしい。

合格川柳

正解は　正確な訳で　作られる

最初と最後を読み、最終設問の選択肢を見て、一発で解答できることはそれほど多くない（と言っておこう。練習するとできるが、受験生にそんな時間はあるまい）。しかし、最初に全体像をつかむクセをつけることは大事だ。なにしろ相手は漢文なのだ。しかもやさしいお話ではなく、論理で固められた論文だ。普通の文章のつもりで最初から読んでいくと、たちまち漢字の海に溺れ、途中の設問にもがき苦しみ、最終設問にたどり着く前に息絶える。制限時間の20分は消え、漢文満点は夢のまた夢。

だから、筆者の主張をつかむ練習はおすすめだ。3分だけでいい。なんとなくでいい。フィーリングでいい。でも、最初の2行・最後の3行・最終設問の選択肢にある筆者の主張は、しっかりと脳裏に焼き付けて、その主張を思い浮かべつつ、「今の世はまちがっている！」という〈注〉嗟嘆《さたん》から生まれた問題文を、「対比に注意！」しながら読み解けば、共通テスト漢文はおいしいですぞ。

〈注〉嗟嘆《さたん》――嘆き。

2

漢文速習のコツ　暗記無用

漢文は時間がかかる。漢字だけだし、ひっくり返って読むのはしんどい。でも試験では時間がない。そこで早く読むにはどうするか？暗記しても効果がない。コトバなのだから慣れればよいのだ。そしてコトバに慣れる最も効果的な方法は音読だ。声に出して読むことだ。

どの語学でも基本は音読。

1目で見て、2頭で理解するより、

1目で見て、2口に出して、3耳で聞いて、4頭で理解する方が、効果は二倍。

しかも音読は楽だ。力《りき》んで覚えるのとは正反対。口に出して唱えるだけで自然と身につく。身につかないと感じたら、早口で言えるまで数回唱えることをおすすめする。スラスラ早口で言えるようになったら、その時はすでに体が覚えている。

合格川柳　早口で　言えれば　もう身についている

全部を音読する必要はない。本書『早覚え速答法』なら問題だけ。過去問の復習なら傍線部だけ。読みにくいからこそ傍線を付けられて問題になるのだ。だからそこだけ早口で音読すれば、すぐに口が慣れてしまう。

合格川柳　早口で　言えば身になる　傍線部

丸暗記の知識は試験で使えない。しかし音読で「身についた」知識は使える。試験で勝つには「知っている」では足りない。時間があれば「解ける」でもまだ足りない。「早く解ける」レベルでやっと合格できる。早く解けるための知識は「身についた」知識だ。体が覚えている知識だ。学んだことが体に染みついているからこそ、スター選手は瞬時に妙技をくりだす。基本知識が身についているからこそ、声を出した受験生は変化技に対応できる。

たとえば次の過去問は、コレだけ漢字「当」（本冊P.159）、疑問の「何如」（本冊P.81）、仮定のクンバ（本冊P.112）の読みがどれだけ身についているかを問う良問だ。

問 「当二何如一而可」の書き下し文として最も適当なものを次の選択肢から選べ。

①何れのごときに当たらば而《すなは》ち可ならんや
②当に何如ぞ而ち可とせんや
③何れのごとくにすべくんば而ち可なり
④当に何如なるべくんば而ち可なるか
⑤何如に当たりて而ち可ならんか

1 知識が身についている者は、消去が早い。

当は「当《まさ》に…べし」だから、「当に」のない①③⑤が消え、「べし」のない②が消える。正解は④「当《まさ》に何如なるべくんば而《すなわ》ち可《か》なるか」だろう。でも消去だけでは迷いが残り、迷いは時間を浪費する。しかし、

2 読みが身についている者は、迷いがない。 練達の打者が変化球を処理するように、「慣れ」によって次のような言語処理を無意識の中で瞬時に行う。あまりに理屈っぽい処理なので、「仮定のクンバ」（本冊P.112）と言われてピンと来ない人は、今はながめるだけでよい。

1.「而」について出題者は「(…すれ)バ而《すなわ》ち…」と訓読しているので、「べし」は次のように変化する。

べし＋ば、すなわち

←　仮定のいがよみ（本冊P.113）

べくんば、すなわち　※「ば、すなわち」の形で仮定の条件

2.「いかん」は「べくんば」に続くため、次のように変化する。

いかん＋べくんば

←　二つの言葉だけでは結合しないので

←「ある」が加わるのが日本語

いかん＋ある＋べくんば

←

いかｎａる＋べくんば

←

いかなるべくんば

3. 「何如《いかん》」は文末に来るが（本冊P.81）、④はその原則に反するのでは？

選択肢④は次のように条件文と結果文の二つからなる。

条件文　当何如　まさにいかなるべくんば　（どのようであれば）
結果文　而可　すなわち　可なるか？　（よいか？）

ここで「何如」は条件文の文末に来ているので原則に合う。

4. よって④は正解である。

あたかも数学の証明のごときこの過程を、読み慣れている者は一瞬のうちに実行する。なんとなく、フィーリングで…、とその人は言うが、慣れが生む「なんとなく」は、正確で早い。この速度と正確さがゴールを決める。根拠のない「フィーリング」とは雲泥の差だ。

慣れないうちは、まず訳を見て内容を理解し、書き下し文を音読してから漢文を音読するとよい。漢文慣れが足りない人は、過去問の傍線部だけでなく全文を音読することも効果的だ。しかし覚える必要はない。漢文口調に慣れればよいのだ。

最後に注意。漢文の試験に必要な知識は少ない。最低限に絞り込んだコレだけ知識のない者は、まだ過去問を見ない方がよい。はやる気持ちはわかるが…。

試験が近づくと、知識もないのに過去問を解き、問題の解説が理解できないまま、本試験にのぞむ人がいる。知識がないから問題は解けず、解説が理解できないから学力も増えず、不安だけが増す。過去問を解く時間があったら基本知識を少しでも増やした方が合理的なのだが、あせりがそれを阻《はば》む。そして泣くかあるいは人を恨む。なんと愚かではないか。豈《あに》愚かならずや。

豈《あに》不《ず》レ愚《おろカナラ》哉《や》！↓（本冊P.72）詠嘆

合格川柳

ちょっと待て　あせって過去問　身につかず

3 私大と記述の対策　満点不用

共通テストでは満点をねらえるが、私大と記述では部分点を取って合格点を目指せばよい。共通テストの場合、悪問・難問を出題すると世間の非難をあびるので、勉強すれば満点を取れるようになっている。もちろん年度や科目によって悪問もあるので、満点不能の時もあるが、タテマエとしては良問だけだ。

これに対し、私大、あるいは国公立の記述は、そもそも満点が取れないようになっている。だから選択肢の問題なら、取るべき所を取ることによって合格点を越えればよいのだ。取るべき所は本書『早覚え』のコレだけ知識。本書に書いてないことが出題されても気にしない。

合格川柳

取ったから　捨てていいんだ　この問いは

次に記述式。記述はみんな苦手だ。「二十字で説明せよ」と言われても気が滅入るのに、某国立大学のように「百字以内で述べよ」と言われると、しばし茫然自失、正気に戻るのに時間がかかる。でも安心してほしい。原文を訳していけば記述式は点が取れる。それはなぜか?

テキトーでも答えられる選択式と違って、記述式はとにかく字を書かなければならない。でもしょせんは国語の試験。だから出題者は問題文の理解を問う。そしてその理解度は受験生の翻訳力を反映する。しかも受験生はプロの翻訳家ではない。そこで正確に翻訳し、それをもとに解答を作り、解答用紙を埋めれば合格する。満点はもらえないが、正確な訳さえ採点者に見せればよいのだ。そして正確な翻訳力は本書『早覚え』の音読で自然と身につく。だから恐れる必要はない。

合格川柳

ありがたや　訳せば　記述はできあがり

ではまず、私大の過去問を解いてみよう。

例題4

次の文章を読んで後の問いに答えなさい。（設問の都合で、訓点・送りがなを省略したところがある。）

魏ノ文帝嘗テ令メ二東阿王ヲシテ七歩ノ中ニ作ラ一レ詩ヲ、不ンバレ成ラ当レ行レ法。応ジテレ声ニ(a)便チ為リテレ詩ヲ曰ク、「煮テレ豆ヲ持テ作シレ羹《かう》ト、漉《こ》シテレ豉《し》ヲ以テ為スレ汁ト。(A)萁《き》ハ在リテ二釜下ニ一(b)然エ、(B)豆ハ在リテ二釜中ニ一泣ク。本自リ二同根一生ズ、相煎ルコト何ゾ太ダ急ナルト。」帝深ク有リ二慙ヅル色一。

〈注〉東阿王…文帝の弟。　羹…あつもの。スープ。
豉《し》…みそ。　萁…豆がら。

〈『世説新語』より　明治大・文〉

問一　傍線(a)「便」、(b)「然」の読みを記せ。ただし、現代かなづかいでよい。

問二　「当行法」の意味として適切なものを、次のなかから選び出して、その番号をマークせよ。

①　当然法廷であらそうことになる。
②　当然法律で裁かれることになる。
③　当然しきたりに従うべきである。
④　当然おきてに照らして処罰する。

問三　傍線（A）「萁」、（B）「豆」はそれぞれ何をたとえたものか。文中の語で答えよ。

問四　「何太急」とはどういうことをいっているのか。わかりやすく説明せよ。

問五　「帝深有慙色」といっているが、どういう心境からであろうか。次のなかから適切なものを選び出して、その番号をマークせよ。

①　予想に反して、自分の目的が達せられなかったのを残念に思って
②　詩に託された弟の心情に感動し、自分の非をさとって
③　才能のある弟を苦しめることは、自分に不利だと思って
④　弟の文才が、自分よりもすぐれていることを痛感して

【書き下し文】　※音読のためルビと送りがなの歴史的かなづかいは現代かなづかいに変更。

魏《ぎ》の文帝《ぶんてい》嘗《かつ》て東阿王《とうあおう》をして七歩の中《うち》に詩を作らしめ、成らずんば当《まさ》に法を行うべし。声に応じて便《すなわ》ち詩を為《つく》りて曰《いわ》く、「豆を煮て持《もっ》て羹《こう》と作《な》し、豉《し》を漉《こ》して以て汁と為す。萁《き》は釜下《ふか》に在《あ》りて然《も》え、

豆は釜中《ふちゅう》に在りて泣く。本同根《もとどうこん》より生ず、相煎《あいい》ること何《なん》ぞ太《はなは》だ急《きゅう》なる」と。帝深く慙《は》ずる色《いろ》有り。

【現代語訳】

かつて魏文帝は弟の東阿王に、七歩あるく間に詩を作り、できなければ法律どおりに処罰すると言った。王は兄の命を受けるとたちまち次のような詩を作って答えた。

豆を煮てスープを作る
味噌を漉して汁を作る
豆がらは釜の下で燃え
豆は釜の中で泣く
これらは同じ根から生えたのに
どうして激しく責めるのか

文帝は恥じ入った。

解答

問一 (a)すなわ（ち）　(b)も（え）

問二 ④

問三 （A）文帝　（B）東阿王

問四 文帝が弟の東阿王に、七歩のうちに詩を作らないと処罰すると言ったことに対する東阿王の嘆き。（他の解答例は解説参照）

問五 ②

〔解き方〕

東阿王の父は、三国志で有名な曹操。詩才にすぐれ武将としても活躍した東阿王は、曹操の死後、兄の文帝に警戒され、死ぬまで地方を転々とした。原文の内容は、魏の文帝が弟の東阿王をいたぶり、最後に許すというお話。

共通テスト漢文が論理展開を問うのに対し、私大の問題文はこの例題のように内容自体はわかりやすい説話だ。だから、最初の行から普通に読んでよい。ただし、制限時間内に問題を解くためには、解ける順から片付けるのが合理的。そこで解説は出会う順に行う。

問二　使用するコレだけ知識　シテ　ンバ　漢　熟　3

取る　「令《し》メ」は使役（本冊P.10）、「不《ず》んば」は仮定（本冊P.112）、「当」はコレだけ漢字（本冊P.159）、「成」は熟語（本冊P.170）で「完成」なので、訓読と訳は次のとおり。

訓読…詩を作らしめ、成らずんば当《まさ》に法を行うべし。

訳…詩を作らせ、完成しなければ、当然法を行うべきだ。

次に傍線部「法を行ふ」において、「法」を重視するのは法家（本冊P.185）であり、彼らの主張は「信賞必罰（成功すれば地位と金銭によって必ず利益を与え、失敗すれば必ず処罰する）」。したがって和訳から次のように正解に至る。

訳…詩を作らせ、完成しなければ、法を行うべきだ

↓

詩が完成しなければ、法を行うべきだ

↓

（成功すれば、法律により、必ず利益を与えるが）
失敗すれば、法律により、必ず処罰すべきだ。

↓

④処罰する

問一 漢

取る (a)「便チ」はコレだけ漢字の「すなわち」（本冊P.150）。(b)「然エ」の読みは、直前の「煮る」「釜」から類推し、火へんをつければ、「燃《も》える」だから「もえ」。

問三 注 取る 注を使えば解ける。注によればA「萁《き》」は豆がら。するとA「豆がら」が釜の下で燃え、B「豆」が釜の中で泣いている。さらに注では、文帝の弟が東阿王だから、二人は兄弟。するとどちらかが「豆」で、もう一方が「豆がら」だ。

また、1行目の「令ム《し》」は使役だから、「XをしてYしむ…XにYさせる」であり「東阿王をして七歩の中に詩を作らしめ」は「東阿王に七歩あるく間に詩を作らせる」となる。これは7分で四百字の小論文を書くのと同じくらい無理なことだ。すると、無理なことをさせられて泣くB豆が「東阿王」であり、無理強《じ》いしている「文帝」がA豆がら「萁《き》」となる。

問四 疑? 漢 熟 部分点を取る 「わかりやすく説明せよ」と言われるとビビッてしまうが、満点はいらない。部分点でよいのだ。「何ぞ…急なる」は「急なる」が連体形だから疑問（本冊P.80）。すると訳は「どうして急なのか?」。

次に、傍線部を含む文を訓読して直訳すると次のとおり。なお、「自り《よ》」は 漢（本冊P.162）、「本」「相」「急」は熟語（本冊P.170）にして「本→本来」「相互→お互いに」「急→急激→激しい」。

訓読…本《もと》 同根より生ず、 相《あい》煎《い》ること何ぞ太《はなは》だ急なる？

←

直訳…本来同じ根から生まれた（のに）、お互いに煎《い》ること（は）どうして大変激しいのか？

ここで〈注〉「東阿王…文帝の弟」にもう一度着目すると、「本来同じ根から生まれた」＝「兄弟」だとわかる。また、「煎《い》る」は鍋などに入れて火であぶること。

すると訳は、

訳　…兄弟なのに、お互いに火で煎ることはどうして激しいのか？

そこで部分点ねらいの解答は次のとおり。

【解答例1】

訳　…兄弟なのに、お互いに火で煎ることはどうして激しいのか？（私には理解できない）

解答…兄弟なのに、お互いに激しく火で煎るのは　理解できないということ。

次に「火で煎る」という比喩を再翻訳すると、傍線部の直前の「泣く」を使えば、次のようにして解答例2が得られる。

お互いに激しく火で煎る
←ひどく泣く・泣かせる
←

〔解答例2〕

兄弟なのに、兄が弟をひどく泣かせているのは理解できないということ。

（あるいは）

兄弟なのに、兄のひどい仕打ちで弟が泣くのは理解できないということ。

なめらかな表現に直した模範解答は次のとおり。

〔解答例3（模範解答）〕

血を分けた兄弟なのに、兄からむごい仕打ちを受けている弟の嘆き。

問題集の解答を見ると、「どうしてこんな解答ができるのか！」と驚いてしまう。解答作成者だって、1…翻訳し、2…組み合わせ、3…調整するという三段階を経て解答を作る。でも、調整ずみの解答だけを見た受験生は「これは無理だ」とあきらめてしまう。

でもあきらめてはいけない。出題者は「点をくれるように採点してくれる」のだ。キミの努力は必ず評価されるのだ。

採点はあくまでも原文の翻訳度を問われるので、本問の場合の採点基準は次のとおり。

・原文「本《もと》同根より生ず」＝兄弟↓↓↓文帝と東阿王の兄弟関係が示されているか。
・原文「急」↓↓↓「激しい」という訳が反映されているか。なお、「急」は「緊急↓緊（緊張のように糸がきつく張られている様子）」だから「きつい」という意味もある。したがって「キツイ」を変形させた「厳しい」という解答なども正解となる。
・原文第一行目「七歩の中に詩を作」る↓↓↓これがとても困難であり、それを無理強いしている残酷さ、むごさが表現されているか。
・原文「何ぞ…なる」↓↓↓疑問の句形であることを理解して解答しようと努力しているか。

どこかにひっかかっていれば、必ず点をもらえるから、とにかく訳し、そして解答用紙を埋めよう。頂上からずり落ちながらも、しがみついて点を取る。それが記述式だ。

問五

捨てる ここは取れなくてもよい。「慙愧《ざんき》に堪《た》えない：とても後悔している」という古風な表現から作られた設問だろうが、この知識は受験で要求されるレベルではない。「慙ヅル」という送りがながあっても、「慙《は》づる」と読める受験生は少ない。私も受験の時には「慙《は》ヅ＝恥じる」なんて知らなかった。（でも合格できた）。だからできなくても「勿《なかレ》レ慙《はヅル》」。できた人も「勿《なかレ》レ驕《おごル》」。なんとなくできたとしても、知識と練習に基づかないナントナクは、いつまでたっても「点数が伸びないナントナク」なのだよ。

なお、正解は次のとおり。

弟から「兄弟なのに私をいじめるのはむごい」と言われた

←

兄は恥じた＝慙

＝

自分がまちがっていた

＝

②「(兄は) 自分の非をさとって」

次に「六十字以内で説明せよ」という九州大学の問題を解いてみよう。問題文はもともと漢文だが、翻訳力が身についたという前提で、問題文の一部を簡単に訳しておいた。

例題5

首に瘤《こぶ》があるので「宿瘤《しゅくりゅう》」と呼ばれていた女がいた。かつて閔《びん》王が猟に出かけるとみんな王の方を見たが、宿瘤だけは桑を取り、王の方を見ない。王がたずねると、「父母に桑を取れと命じられたが、王を見よとは命じられていません。」と答えた。王いはく「此れ奇女なり。惜しいかな。宿瘤あり」と。女いはく「女は仕事を与えられればそれだけに一生懸命。宿瘤などは気になりません。」と。王いはく「此れ賢女なり」と。車に乗せて連れ返ろうとすると女は「父母の許しを得ないでこのまま王様のもとに行くと『奔女』です。やめてください。」王は反省して女を帰らせ結納《ゆいのう》を送った。父母は驚いて娘を着替えさせようとした。女いはく「姿形が変われば、私であることがわかっていただけません。」そこで、もとの農作業の姿のまま王のもとに行った。王は彼女を后とした。※傍線部は筆者

問 **閔王は、なぜ宿瘤を后にしたのか。閔王の宿瘤に対する見方の変化に沿って、六十字以内で記せ。**

〔解き方〕訳ができていれば実に簡単な問題となる。設問は「閔王の宿瘤に対する見方」と指定してくれているのだから、宿瘤を「此れ奇女なり」と評したような王の言葉の原因を訳していけば

よい。その原因はあらかじめ私が傍線を引いておいた。傍線部と王の見方を抜き出すと次の通り。

父母に桑を取れと命じられたが、王を見よとは命じられていません。↓これ奇女なり！

←**王より父母を重視。**

宿瘤などは気になりません。↓これ賢女なり！

←**瘤《こぶ》を気にしない。**

父母の許しを得ないでこのまま王様のもとに行くと『奔女』です。やめてください。

↓王は反省

←**父母の許しを得るため王にはすぐに従わない。**

姿形が変われば、私であることがわかっていただけません。↓（彼女が思慮深いので）王は

彼女を（愛人の一人でなく、最高位の）后とした　※ここはできなくてよい

←

自分であることをわからせる配慮をした。

これを組み合わせると次の通りとなって正解に至る。

解答例　王より父母を重視し、瘤を気にせず、父母の許しを得るために王にはすぐ従わず、さらに自分だと王にわからせる配慮をしたから。(59字)

では最後に。次の空欄に自分の名前を入れて、試験に立ち向かってください。成功を祈ります。

「　　　　」負けるな　遊刃《ゆうじん》　在《あり》レ此《ここニ》

※遊刃《ゆうじん》――『荘子』の中の語句。道を好む料理人は天理に従って包丁を使うので、十九年間数千頭の牛をさばいても、刃こぼれ一つなく、「遊《あそばスニ》レ刃《やいばヲ》必《ズ》有《リ》ニ餘地《ゆとり》一！」筆者の教壇名。

4 問題編

例題1（2017年度共通テスト試行テスト）

次の【文章Ⅰ】は、殷《いん》王朝の末期に、周《しゅう》の西伯《せいはく》が呂尚《りょしょう》（太公望《たいこうぼう》）と出会った時の話を記したものである。授業でこれを学んだC組は太公望について調べてみることになった。二班は、太公望のことを詠んだ佐藤一斎《さとういっさい》の漢詩を見つけ、調べたことを【文章Ⅱ】としてまとめた。【文章Ⅰ】と【文章Ⅱ】を読んで、後の問い（問1～7）に答えよ。なお、返り点・送り仮名を省いたところがある。

【文章Ⅰ】

呂尚ハ蓋(1)シ嘗窮困シ、年老イタリ矣。以テ二漁釣ヲ一奸《もと》〈注1〉ム二周ノ西伯ニ一。A西伯将出猟卜之。曰ハク、「所レ獲ル非ズレ龍ニ、非ズレ彲《みづち》ニ、非ズレ虎ニ、非ズレ羆《ひぐま》ニ、所レ獲ル覇王之輔《たすケ》ナリト。」於レ是ニ周ノ西伯猟《かり》ス。(ア)果遇フ二太公〈注2〉ニ於渭《ゐ》〈注3〉之陽《きた》ニ一。(2)与語リテ大イニ説《よろこ》ビテ曰ハク、「自リ二吾ガ先君太公〈注4〉一曰ハク、『(イ)当下ニ有リテ二聖人一適《ゆ》ク上レ周ニ。周以テ興ラント。』B子ハ真ニ是レナルか邪。吾ガ太公望ムコトレ子ヲ久シト矣。」故ニ号《シテ》レ之《ヲ》曰《フ》二太公望《ト》一。載《セテ》与倶《ニ》帰《リ》、立《テテ》為《ス》レ師《ト》。
（司馬遷《しばせん》『史記《しき》』による。）
〈注1〉奸——知遇を得ることを求める。
〈注2〉太公——ここでは呂尚を指す。
〈注3〉渭之陽——渭水《いすい》の北岸。渭水は、今の陝西《せんせい》省を東に流れて黄河に至る川。
〈注4〉吾先君太公——ここでは西伯の亡父を指す（なお諸説がある）。

【文章Ⅱ】

佐藤一斎の「太公垂釣の図」について

愛日楼高等学校二年C組二班

太公垂釣ノ図

佐藤一斎

謬《あやまリテ》被《れ》㆓文王ニ載セ得テ帰ラ㆒

一《いっ》竿《かんノ》風月与㆑心違《たがフ》

想《おもフ》君ガ牧《ぼく》野《や》鷹《よう》揚《やうノ》後

夢ハ在ラン㆓磻《はん》渓《けいノ》旧釣《てう》磯《き》ニ㆒

不本意にも文王によって周に連れていかれてしまい、
釣り竿《ざお》一本だけの風月という願いとは、異なることになってしまった。
想うに、あなたは牧野で武勇知略を示して殷を討伐した後は、
磻渓の昔の釣磯《つりいそ》を毎夜夢に見ていたことであろう。

幕末の佐藤一斎（一七七二～一八五九）に、太公望（呂尚）のことを詠んだ漢詩があります。太公望は、七十歳を過ぎてから磻渓（渭水のほとり）で文王（西伯）と出会い、周に仕えます。殷との「牧野の戦い」では、軍師として活躍し、周の天下を盤石のものとしました。しかし、その本当の思いは？

C佐藤一斎の漢詩は、**【文章Ⅰ】**とは異なる太公望の姿を描きました。

ある説として、この漢詩は佐藤一斎が七十歳を過ぎてから昌平坂《しょうへいざか》学問所（幕府直轄の学校）の教官となり、その時の自分の心境を示しているとも言われています。

狩野探幽《かのうたんゆう》画「太公望釣浜図」

日本でも太公望が釣りをする絵画がたくさん描かれました。

〈コラム〉

太公望＝釣り人？

文王との出会いが釣りであったことから、今では釣り人のことを「太公望」と言います。**【文章Ⅰ】**の、西伯が望んだ人物だったからという由来とは違う意味で使われています。

問1　波線部⑴「嘗」・⑵「与」の読み方として最も適当なものを、次の各群の①～⑤のうちから、それぞれ一つずつ選べ。

⑴「嘗」
① かつて
② こころみに
③ すなはち
④ なめて
⑤ なんぞ

⑵「与」
① あたへ
② あづかり
③ ここに
④ すでに
⑤ ともに

問2　二重傍線部(ア)「果」・(イ)「当」の本文中における意味として最も適当なものを、次の各群の①～⑤のうちから、それぞれ一つずつ選べ。

(ア)「果」
① たまたま
② 案の定
③ 思いがけず
④ やっとのことで
⑤ 約束どおりに

(イ)「当」
① ぜひとも～すべきだ
② ちょうど～のようだ
③ どうして～しないのか
④ きっと～だろう
⑤ ただ～だけだ

問3　傍線部A「西 伯 将 出 猟 卜 之」の返り点の付け方と書き下し文との組合せとして最も適当なものを、次の①～⑤のうちから一つ選べ。

① 西 伯 将㆓ 出㆑ 猟 卜㆒㆑ 之　　西伯将に猟《か》りに出《い》でて之を卜《うらな》ふべし
② 西 伯 将 出 猟 卜㆑ 之　　西伯の将出でて猟りして之を卜ふ
③ 西 伯 将 出㆑ 猟 卜㆑ 之　　西伯将《は》た猟りに出でて之を卜ふか

④ 西 伯 将レ 出レ 猟 卜レ 之　　西伯猟りに出づるを将《ひき》ゐて之を卜ふ
⑤ 西 伯 将二 出 猟一 卜レ 之　　西伯将に出でて猟りせんとし之を卜ふ

問4　傍線部B「子 真 是 邪」の解釈として最も適当なものを、次の①～⑤のうちから一つ選べ。

① 我が子はまさにこれにちがいない。
② あなたはまさにその人だろうか、いや、そんなはずはない。
③ あなたはまさにその人ではないか。
④ 我が子がまさにその人だろうか、いや、そんなはずはない。
⑤ 我が子がまさにその人ではないか。

問5　【文章Ⅱ】に挙げられた佐藤一斎の漢詩に関連した説明として正しいものを、次の①～⑥のうちから、**すべて**選べ。

① この詩は七言絶句という形式であり、第一、二、四句の末字で押韻している。
② この詩は七言律詩という形式であり、第一句と偶数句末で押韻し、また対句を構成している。
③ この詩は古体詩の七言詩であり、首聯《しゅれん》、頷聯《がんれん》、頸聯《けいれん》、尾聯《びれん》からなっている。
④ この詩のような作品は中国語の訓練を積んだごく一部の知識人しか作ることができず、漢詩は日本人の創作活動の一つにはならなかった。

⑤　この詩のような作品を詠むことができたのは、漢詩を日本独自の文学様式に変化させたからで、日本人は江戸時代末期から漢詩を作るようになった。
⑥　この詩のように優れた作品を日本人が多く残しているのは、古くから日本人が漢詩文に親しみ、自らの教養の基礎としてきたからである。

問6　**【文章Ⅱ】**の□で囲まれた〈コラム〉の文中に一箇所誤った箇所がある。その**誤った箇所**を次の**A群**の①～③のうちから一つ選び、**正しく改めたもの**を後の**B群**の①～⑥のうちから一つ選べ。

A群
①　文王との出会いが釣りであった
②　釣り人のことを「太公望」と言います
③　西伯が望んだ人物だったから

B群
①　文王が卜《うらな》いをしている時に出会った
②　文王が釣りをしている時に出会った
③　釣りによって出世しようとする人のことを「太公望」と言います
④　釣り場で出会った友のことを「太公望」と言います
⑤　西伯の先君太公が望んだ人物だったから

⑥　西伯の先君太公が望んだ子孫だったから

問7　**【文章Ⅱ】**の傍線部C「佐藤一斎の漢詩は、**【文章Ⅰ】**とは異なる太公望の姿を描きました。」とあるが、佐藤一斎の漢詩からうかがえる太公望の説明として最も適当なものを、次の①～⑥のうちから一つ選べ。

①　第一句「謬りて」は、文王のために十分に活躍することはできなかったという太公望の控えめな態度を表現している。

②　第一句「謬りて」は、文王の補佐役になって殷を討伐した後の太公望のむなしさを表現している。

③　第二句「心と違ふ」は、文王に見いだされなければ、このまま釣りをするだけの生活で終わってしまっていたという太公望の回想を表現している。

④　第二句「心と違ふ」は、殷の勢威に対抗するために文王の補佐役となったが、その後の待遇に対する太公望の不満を表現している。

⑤　第四句「夢」は、本来は釣磯で釣りを楽しんでいたかったという太公望の望みを表現している。

⑥　第四句「夢」は、文王の覇業が成就した今、かなうことなら故郷の磻渓の領主になりたいという太公望の願いを表現している。

【書き下し文】※音読のためルビと送りがなの歴史的かなづかいは現代かなづかいに変更。

【文章Ⅰ】

呂尚《りょしょう》は蓋《けだ》し嘗《かつ》て窮困し、年老いたり。漁釣《ぎょちょう》を以《もっ》て周の西伯《せいはく》に奸《もと》む。西伯将《まさ》に出《い》でて猟《か》りせんとし之《これ》をト《うらな》う。曰《い》わく、「獲《と》る所は龍に非《あら》ず、彲《みずち》に非ず、虎に非ず、羆《ひぐま》に非ず、獲《と》る所は覇王の輔《たす》けなり。」と。是《ここ》に於《お》いて周の西伯猟《か》りす。果《は》たして太公に渭《い》の陽《きた》に遇《あ》う。与《とも》に語りて大いに説《よろこ》びて曰わく、「吾が先君《せんくん》太公より曰わく、『当《まさ》に聖人有《あ》りて周に適《ゆ》くべし。周以《もっ》て興《おこ》らん。』と。子《し》は真《まこと》に是《こ》れなるか。吾が太公 子《し》を望むこと久《ひさ》し。」と。故に之《これ》を号して太公望《たいこうぼう》と曰《い》う。載《の》せて与倶《とも》に帰り、立てて師《し》と為《な》す。

【現代語訳】（ ）内は訳者の補訳。

おそらく呂尚は貧しく高齢だったのだろう。釣りをして（釣りにかこつけて）周の西伯の知遇を得ようとした。西伯が狩りに出る際に獲物を占うと、「獲物はリュウでなく、ミズチでなく、トラでなく、ヒグマでもない。獲物は覇王の補佐役である。」という答えだった。そこで西伯が狩りをすると、案の定、渭水の北岸で呂尚と出会った。西伯は彼と語り合い大いに喜んで言った。「亡き父の太公から『一人の聖人が周に行く。それにより周は栄えるだろう。』と聞いている。あなたこそまさにその聖人だったのか！父の太公は長らくあなたを待ち望んでいた。」と。だから呂尚は「太公望」と呼ばれる。西伯は彼を車に載せて一緒に帰り、周の軍師に任命した。

※訳注

卜之。曰（P.50、2行目）――「曰はく」の内容は卜《うらな》いの結果。

彲（みずち）（P.50、2行目）――川に住む怪物

邪(か)(P.50、4行目)――疑問「～か?」ではなく感嘆を示す助辞であり、訳の例は「～なのか!　～だったのか!」。そのため、問4③「ではないか」!という詠嘆の訳が成り立つ。なお、感嘆を示す助辞は記憶不要。

与倶（P.50、5行目）――「与（とも）に=倶（とも）に」で**上も下も同じ意味の二字熟語**になっている。熟語としての用例は多数だが、「与《とも》に倶《とも》に」と分けて読んでもよい。

立てて～と為す（P.50、5行目）――政権内で～の地位を与える

解答

問1　(1)①　(2)⑤

問2　(ア)②　(イ)④

問3　⑤

問4　③

問5　①⑥

問6　A群③　B群⑤

問7　⑤

自信のない者は、全訳を読んで全体像を頭に入れてから［解き方］を読むことをおすすめする。

〔解き方〕

筆者の主張

筆者の主張をつかむ

三つのステップ（P.11〜13）でわかった筆者の主張「太公望は…西伯に知遇を…求め…西伯が太公望と出会い…師と為す」【文章Ⅰ】「本来は釣りを楽しんでいたかった」【文章Ⅱ】は、常に念頭において問題を解く。

本番では読みかえす時間などないから、出会う順に解く。まずは【文章Ⅰ】の設問から。

問1（1） ンバ

二重否定「いまだ嘗《かつ》てA（せ）ずんばあらず」（本冊P.113）について、本冊P.114の問題の選択肢から、⑤「いまだかつておなじからずんばあらざるなり」（本冊P.114）、「未《いま》だ嘗《かつ》て説《と》かずんばあらざるのみ」（本冊P.117）…中略…「未《いま》だ嘗《かつ》て酒を置かずんばあらず」（本冊P.117）…中略…「未だ嘗て問ひて其の詳を知らずんばあらず」（本冊P.121）と音読（P.31）すれば、6回「かつて」と唱えることになるので、いやでも体に染みつく。①以外を選択する者は音読が足りない。

問3 漢

重要漢字「将：まさに〜んとす」（本冊P.158）なので、「将《まさ》に…んとし」の⑤。

問2（ア）熟

1字の漢字は熟語で訳せ。（本冊P.174）

により「果」を熟語にする。「果」で思い浮かべる熟語は「結果」や「果実」だろう。その熟語が

上も下も同じ意味の二字熟語（本冊P.171）

でないと1字の漢字を訳すことにならないので、確かめると次のとおり。

「実（み）」は樹木が成長した「結果」としてできるモノだから、

結≒果≒実

という関係が成り立つ。

次に［果＝結果］とすれば、「結果」の前後の関係は次のとおり。

原因Aの結果がA′

これに近い選択肢は次の三つ。

②案の定＝予想どおり＝予想Aの結果がA′

④やっとのことで＝努力Aの結果がA′

⑤約束どおり＝約束Aの結果がA′

なお、他の選択肢は次のとおり。

①たまたま＝偶然＝結果A′に先行する原因Aは、A′と無関係

③思いがけず＝予想外＝予想した結果A′がA′でない

ここで、結「果」（P.50、3行目）の前後は次のとおり。
原因A：卜《うらな》う（P.56B群①）曰わく（P.50、2行目）猟りす（P.50、3行目）
その**結果A′**遇う（P.50、3行目）
うらなう＝予想する　なので、②が正解だろう。
なお、猟りす（P.50、3行目）の時に苦労した原文があれば「やっとのことで」の④もありうるが、原文にない。
また、うらないで「吉！」と出ても、それを「約束⑤だ」と信じる受験生はいないだろう。

問1（2） 漢
重要漢字「与」で覚える事項は「くみす：参加する」（本冊P.145）または「〜と」（本冊P.154）。
選択肢に同じ発音がないので、「くみす」または「〜と」に近いものを選ぶと、「〜とともに」の⑤「ともに」か。
「与」の前後を確認すると
西伯（が）猟りす…（西伯が）太公に遇う。（P.50、3行目）
（西伯が太公と）与（ともに）語りて大いに説《よろこ》び（P.50、3行目）
であり、特に支障がないので⑤が正解として確定。

問2（イ） 漢

重要漢字「当」（本冊P.159）「まさに〜べし：当然〜すべきだ」なので、正解候補は次の二つ。

①「〜すべきだ」

④「きっと〜」

正解は正確な訳で作られる（P.27）ので、選択肢①④の訳を点検する。

①の「ぜひとも」は「当然」と同じではない。これがキズ。「ぜひとも」には「多少の無理はあっても」という意味が含まれるが、「当然」に「無理」はない。

確認のため①「ぜひとも」と④「きっと」で例文を作ると、

「当然勝つ」「きっと勝つ」という文は存在するので、

[きっと④＝当然]

は間違いない。しかし、

「ぜひとも勝ってほしい」という文はあっても「ぜひとも勝つ」という文はない。だから

[ぜひとも①≠当然]

本番の試験では時間がないので、ここで作業をやめる。（詳しい証明は後述）

④は「〜だろう」の部分が「〜すべきだ」ではない。

そこで、「当」の訓読「まさに〜べし」の「べし」について考える。

訓読とは漢文を古文で翻訳することであり、「まさに〜べし」の「べし」は古文の「べし」だ。

これは教科書『古典』の学習範囲の助動詞で、その意味は、スイカトメテ！という有名な語呂合わせにより次の6種類。

ス推量～だろう
イ意志～しよう
カ可能～できる
ト当然～はずだ
メ命令～せよ
テ適当～がよい

したがって「まさに～べし」の「～べし」には「～だろう」という訳もあるので④が正解と確認できた。

□**参　考**□

[ぜひとも≠当然＝きっと]の証明は次のとおり。

「ぜひとも」を漢字表記すると「是非とも」であり、「是が非でも」と同類。語句中の「**是：ぜ**」は重要漢字（本冊P.151）で、意味は「正しい」であり、「非」の意味は「誤り」（本冊P.151）。

また二つの表現は

是（＝正）であろうとも非（＝誤）であろうとも→是非とも
是（＝正）が非（＝誤）であっても→是が非でも

のようにして生まれた。だから「ぜひとも」には是と非の2要素がある。

一方、「きっと～」「当然～」の場合、「～」の部分は1要素しかない。例文で確認すると次のとおり。

きっと勝つ　※「勝つ」以外の要素はない。

当然勝つ　※「勝つ」以外の要素はない。

⇔

是非とも勝ってほしい　※「勝つ」以外に「負ける」要素もある。

是非とも勝つ　※次に説明するように、表現としては存在しない。

「是非とも勝…」には、「勝つ」という要素だけでなく「負ける」可能性という要素もある。このため「是非とも勝ってほしい」（願望）「是非とも勝つのだ」（命令・決意）といった主観的表現はあるが、「是非とも勝つ」という客観的表現は成立しない。（証明終わり）

問4 漢 ンヤ ズヤ 主張 注

重要漢字「子」（本冊P.148）「し：あなた」なので、正解は②か③。

②は「〜か。いや〜」なので反語（本冊P.56）だが、訓読の語尾が「ンヤ」ではない点がキズ。

③は「〜ないか。」なので詠嘆（本冊P.72）だが、訓読の語尾が「ズヤ」ではない点がキズ。

キズの深い方が負けなので、

1　正確に翻訳（P.27）し、

2　主張を確認（P.4）し、

3　説明・注（本冊P.176）を使って作業する。

1　本文の読みと機械的翻訳は次のとおり。
読み：子《し》は真に是れなるか。吾が太公子《し》を望むこと久し。（P.50、4行目）
翻訳：あなたはまさにその人（P.55、問4②③）か？私の父[注4]はあなたを待ち望むことが長い。
2　主張をつかむステップ2では、
師と為す（P.50、5行目）
3　**説明・注で正解つかめ！**（本冊P.176）で【文章Ⅱ】の説明文を読むと「軍師として活躍」（P.52、9行目）なので次の二つが言える。
・父[注4]はあなたを待ち望むことが長い。
・（あなたを）軍師とし（た）
したがって、
否定②あなたはその人（の）はずはない
肯定③あなたはまさにその人ではないか（＝その人だ）
のうち、否定が消えて肯定の③が正解。

□**聞き流してほしい補足**□
なお、傍線部Bの「邪」は、古典中国語の分類では、疑問ではなく感嘆。だから「邪（か）」と訓読した古文の「か」は、「〜か？」と訳す疑問ではなく、「そう**か!**そうだったの**か!**」の「**か!**」に相当する終助詞だ。そこで傍線部B「…これなる**か**」の選択肢が

③あなたこそまさにその人だったの**か**！

となっていれば受験生は迷うことはない。しかし、それでは差がつかない。

そこで出題者は、次のように類似表現を使って選択肢の語尾を変形させ、紛らわしくする。

③あなたこそまさにその人　だったのか！　感嘆

≒

ではないか！　詠嘆

＝

③あなたはまさにその人　ではないか。

このようにして③を用意すれば、②がヒッカケとして活躍する。

以上のことは、専門的な中国語の知識、受験に不要な終助詞、および問題作成の舞台裏の話なので、いずれも受験生に必要な知識ではない。

しかし、次のことは受験生にできる。

☆心にとどめてほしいヒッカケの特徴☆

主張の概要《がいよう》を理解していれば、②を選ぶ余地はない。【文章Ⅰ】の主張は、

［太公望は…西伯に知遇を…求め…西伯が太公望と出会（い）…師（軍師（P.52、9行目））と為す］なので、

②あなたは…その人ではない。＝あんたはカンケーなし

という選択肢は主張から完全にズレる。そこで一句。

川合柳格

ヒッカケは　主張をずらして作られる

問5　3

漢詩の1行（＝1句）7字で4句あるので、七言絶句（本冊P.181）。七言絶句ならば、第一句末と偶数句末で押韻（本冊P.181）しているので確かめると、

帰ki、違i、磯kiで母音iが同じ

なので、押韻している。したがって

①「この詩は七言絶句という形式であり、第一、二、四句の末字で押韻している。」が正解で、②③はありえない。

④⑤⑥については⑥が正解と発表されたが、誤答しても気にする必要はない。理由は次のとおり。

1　問5の正答率は全設問中最低（14.7％）だった。作問機関（大学入試センター）は5割程度の平均得点率を目標に常に設問を改善しているため、

問5　正しいものを、次のうちから**すべて**選べ

の中の「すべて」を選ばせる形式の問題は「出題しない」ことが後日決定された。

2　選択肢④⑤⑥の内容は教科書『古典』の範囲外だった。「考える」ことを重視する共通テスト

で教科書にない知識を出題すると非難される。
各選択肢については次のとおり。
④は、「この詩のような作品は中国語の訓練を積んだ…人しか作ることができず」が誤り。中国に留学できなかった江戸時代では、漢文を日本語の古文で読み（訓読）、その訓練を積んだ人が漢詩を読む。
⑤は、「日本人は江戸時代末期から漢詩を作るようになった」が誤り。平安時代初期には勅撰（ちょくせん：天皇の命令による国家事業としての編集）の漢詩集が編纂されている。これは教科書『日本史』の知識だ。
たとえば勅撰漢詩集の『凌雲集《りょううんしゅう》』は日本史の教科書では太文字だが、古典の教科書では、一部の教科書で、しかも付録の年表で、小さな文字で印刷されているに過ぎない。
⑥については、
「この詩のように優れた作品を日本人が多く残しているのは、古くから日本人が漢詩文に親しみ、自らの教養の基礎としてきたからである。」
だからキミたちも
「漢詩文に親しみ、自らの教養の基礎として」ほしい
というのが出題者の願いだろうが、教科書にそのような記載はない。
したがってこのような設問は排除される。

CHAPTER4
問題編

問6 注

説明・注で正解つかめ！（本冊 P.176）で

吾が先君太公（P.50、3行目）＝西伯の父[注4]

次の行では

吾が太公子（し：あなた）を望む（P.50、4行目）

したがって

吾が太公（P.50、4行目）＝西伯の父[注4]＝西伯の先君太公（P.50、3行目）

よって、「西伯の先君太公が望んだ人物」B群⑤が正解。

そして、「西伯が望んだ人物」A群③が「誤った箇所」として正解になる。

問7 主張

正解は、最初に主張をつかむ作業で候補にした⑤（P.13）でいいだろう。

念のため、選択肢を確認すると次のとおり。

①の「文王のために十分に活躍することはできなかった」が【文章Ⅱ】の「軍師として活躍し、周の天下を盤石のものとしました」（P.52、9・10行目）と矛盾。

②の「むなしさ」は、【文章Ⅱ】の「本当の思いは？…佐藤一斎が…教官となり、その時の自分の心境を示している（P.52、10・13〜15行目）」の中にない。「むなしさ」と解釈できる可能性はあるが、明確に書かれていなければタダの想像。

最初に主張の概要《がいよう》をつかむための「なんとなく」と「フィーリング」はおすすめだ。しかし最後の見極め段階までこれに頼ると必ず誤答にひっかかる。

⚠「考える」力を測る共通テストで必要な点とあぶない点を対比すると次のとおり。

必要なのは

冷静に**事実**を把握し、合理的な**根拠**によって判断する**客観**的姿勢。

あぶないのは

主観的な**感情**による**あいまい**な判断。

合理的根拠の欠落が**なんとなく**であり、主観的な感情が**フィーリング**であり、総称して**カン**とも言う。

カンは「考える」ことと正反対なので、カンに頼る者は共通テストでふるい落とされる対象となる。練習によって生まれる「なんとなく」は正確だが、根拠のない「フィーリング」とはまったく違う(P. 34)。この点をカン違いしないように。

---

③の「文王に見いだされなければ、このまま釣りをするだけの生活で終わってしまっていた」は「釣り…だけの生活」を否定する。一方、【文章Ⅱ】の「釣り竿《ざお》一本だけの風月(⇒風流、風雅)という願い」(P. 52、2行目)は「釣り…だけの生活」を肯定する。

④の「待遇に対する太公望の不満を表現」は原文にない。【文章Ⅱ】の「昔の釣磯を毎夜夢に見ていた」(P. 52、4行目)は「不満」と解釈できる可能性はあるが、明確に書かれていない。

⑤の「本来は釣磯で釣りを楽しんでいたかったという太公望の望み」は、次のように漢詩の訳文から作られたと思われる。

不本意にも…周に連れていかれ（P.52、1行目）
↑
本意は＝〔本〕当の〔意〕思は
↑
本来は⑤

昔の釣磯（P.52、4行目）
↑
釣磯で…（して）いたかった⑤

釣り竿…の風月（P.52、2行目）
↑
釣りを　楽しんでいた⑤
←※風月は風流・風雅と同じで、意味は「楽しみ」

夢に見ていた（P.52、4行目）
↑
望み⑤

正解は正確な訳で作られる（P.27）

なぜ？

それは、古典の試験が、原文を正確に翻訳する力を問うからなのだ。

⑥の「磻渓の領主になりたい」という記述はどこにもない。

例題2（2018年度共通テスト試行テスト）

次の【文章Ⅰ】と【文章Ⅱ】は、いずれも「狙公《そこう》」（猿飼いの親方）と「狙《そ》」（猿）とのやりとりを描いたものである。【文章Ⅰ】と【文章Ⅱ】を読んで、後の問い（問1～5）に答えよ。なお、設問の都合で返り点・送り仮名を省いたところがある。（配点　50）

【文章Ⅰ】

猿飼いの親方が芧《とち》の実を分け与えるのに、「朝三つにして夕方四つにしよう、」といったところ、猿どもはみな怒った。「それでは朝四つにして夕方三つにしよう、」といったところ、猿どもはみな悦《よろこ》んだという。

（金谷《かなや》治《おさむ》訳注『荘子』による。）

【文章Ⅱ】

楚〈注1〉ニ有リ二養ヒテレ狙《そ》ヲ以テ為スレ生(1)者一。楚人謂フ二之ヲ狙《そ》公《こう》ト一。旦〈注2〉日必ズ部〈注3〉二-分シテ衆狙ヲ于庭一ニ、A使老狙率以之山中、求草木之実。賦〈注4〉シテ二什《じふ》ノ一ヲ一以テ自ラ〈注5〉奉ズ。或イハ不レンバ給セ、則チ加フ二鞭《べん》〈注6〉箠《すい》ヲ一焉。群狙皆畏レテ苦シムモレ之ニ、弗ざル二敢ヘテ違《たが》ハ一也。一日、有リテ二小狙一謂ヒテ二衆狙ニ一曰ハク、B「山之果、公所樹与。」曰ハク、「否《しから》ザル也。天ノ生ズル也ト。」曰ハク、「非レズンバ公ニ不ル二得テ而取ラ一与ト。」曰ハク、「否ザル也。皆得テ而取ル也ト。」曰ハク、「然ラバ則チ吾何ゾ仮リテ二於彼ニ一而為ス二之ガ役ヲ一乎ト。」言未ダレ既《つ》キルニ、衆狙皆寤《さ》ム。其ノ夕、相ヒ与ニ伺ヒ二狙公之寝《い》ヌルヲ一、破リレ柵ヲ毀《こぼ》チレ柙《をり》ヲ、取リ二其ノ(2)積一、相ヒ携ヘテ而入リ二于林中ニ一、不二復タ帰ラ一。狙公卒《つひ》ニ餒《う》エテ而死ス。

郁《いく》離《り》子《し》〈注7〉曰ハク、「世ニ有ルハ下以テレ術ヲ使ヒテレ民ヲ而無キ二道揆〈注8〉一者上、其レ如キ二狙公ノ一乎。C惟其昏而未レ覚也。一旦有レラバ開クコトレ之ヲ、其ノ術窮セント矣。」

（劉基《りゅうき》『郁離子』による。）

〈注1〉楚——古代中国の国名の一つ。
〈注2〉旦日——明け方。
〈注3〉部分——グループごとに分ける。
〈注4〉賦二什一一——十分の一を徴収する。
〈注5〉自奉——自らの暮らしをまかなう。
〈注6〉鞭箠——むち。
〈注7〉郁離子——著者劉基の自称。
〈注8〉道揆——道理にかなった決まり。

問1　傍線部(1)「生」・(2)「積」の意味として最も適当なものを、次の各群の①～⑤のうちから、それぞれ一つずつ選べ。

(1)「生」
① 往生
② 生計
③ 生成
④ 畜生
⑤ 発生

(2)「積」
① 積極
② 積年
③ 積分
④ 蓄積
⑤ 容積

問2　傍線部A「使老狙率以之山中、求草木之実」の返り点・送り仮名の付け方と書き下し文との組合せとして最も適当なものを、次の①～⑤のうちから一つ選べ。

①　使ム下老狙ヲシテ率ヰテ以テ之キ二山中一ニ、求メ中草木之実ヲ上
　　老狙をして率《ひき》ゐて以て山中に之《ゆ》き、草木の実を求めしむ

②　使ヒテ二老狙一ヲ率ネ以テ之カシメ二山中一ニ、求ム二草木之実一ヲ

老狙を使ひて率《おほむ》ね以て山中に之かしめ、草木の実を求む

③ 使メテ二 老 狙ヲシテ 率ヘ一 以テ 之キ二 山 中ニ一、求ム二 草 木 之 実ヲ一
老狙をして率《とら》へしめて以て山中に之き、草木の実を求む

④ 使シ 老 狙 率ヰテ 以テ 之カバ二 山 中ニ一、求ム二 草 木 之 実ヲ一
使《も》し老狙率《ひき》ゐて以て山中に之かば、草木の実を求む

⑤ 使ム下 老 狙ヲバ 率ヘテ 以テ 之キ二 山 中ニ一、求メ中 草 木 之 実ヲ上
老狙をば率《とら》へて以て山中に之き、草木の実を求めしむ

問3　傍線部B「山 之 果、公 所 樹 与」の書き下し文とその解釈との組合せとして最も適当なものを、次の①～⑤のうちから一つ選べ。

① 山の果は、公の樹《う》うる所か
山の木の実は、猿飼いの親方が植えたものか

② 山の果は、公の所の樹《き》か
山の木の実は、猿飼いの親方の土地の木に生《な》ったのか

③ 山の果は、公の樹《う》ゑて与ふる所か
山の木の実は、猿飼いの親方が植えて分け与えているものなのか

④ 山の果は、公の所に樹《う》うるか
山の木の実は、猿飼いの親方の土地に植えたものか

⑤ 山の果は、公の樹《う》うる所を与ふるか
　山の木の実は、猿飼いの親方が植えたものを分け与えたのか

問4　傍線部C「惟 其 昏 而 未レ 覚 也」の解釈として最も適当なものを、次の①〜⑤のうちから一つ選べ。

① ただ民たちが疎くてこれまで気付かなかっただけである
② ただ民たちがそれまでのやり方に満足していただけである
③ ただ猿たちがそれまでのやり方に満足しなかっただけである
④ ただ猿飼いの親方がそれまでのやり方のままにしただけである
⑤ ただ猿飼いの親方が疎くて事態の変化にまだ気付いていなかっただけである

問5　次に掲げるのは、授業の中で**【文章Ⅰ】**と**【文章Ⅱ】**について話し合った生徒の会話である。これを読んで、後の(i)〜(iii)の問いに答えよ。

生徒A　**【文章Ⅰ】**のエピソードは、有名な故事成語になっているね。
生徒B　それって何だったかな。［X］というような意味になるんだっけ。
生徒C　そうそう。もう一つの**【文章Ⅱ】**では、猿飼いの親方は散々な目に遭っているね。**【文章Ⅰ】**と**【文章Ⅱ】**とでは、何が違ったんだろう。
生徒A　**【文章Ⅰ】**では、猿飼いの親方は言葉で猿を操っているね。

生徒B　**【文章Ⅱ】**では、猿飼いの親方はむちで猿を従わせているよ。

生徒C　**【文章Ⅰ】**では、猿飼いの親方の言葉に猿が丸め込まれてしまうけど……。

生徒A　**【文章Ⅱ】**では、[Y]が運命の分かれ目だよね。これで猿飼いの親方と猿との関係が変わってしまった。

生徒B　**【文章Ⅱ】**の最後で郁離子は、[Z]と言っているよね。

生徒C　だからこそ、**【文章Ⅱ】**の猿飼いの親方は、「其の術窮せん。」ということになったわけか。

(i)　[X]に入る有名な故事成語の意味として最も適当なものを、次の①～⑤のうちから一つ選べ。

①　おおよそ同じだが細かな違いがあること
②　朝に命令を下し、その日の夕方になるとそれを改めること
③　二つの物事がくい違って、話のつじつまが合わないこと
④　朝に指摘された過ちを夕方には改めること
⑤　内容を改めないで口先だけでごまかすこと

(ii)　[Y]に入る最も適当なものを、次の①～⑤のうちから一つ選べ。

①　猿飼いの親方がむちを打って猿をおどすようになったこと

② 猿飼いの親方が草木の実をすべて取るようになったこと
③ 小猿が猿たちに素朴な問いを投げかけたこと
④ 老猿が小猿に猿飼いの親方の素性を教えたこと
⑤ 老猿の指示で猿たちが林の中に逃げてしまったこと

(iii) [Z] に入る最も適当なものを、次の①～⑤のうちから一つ選べ。
① 世の中には「術」によって民を使うばかりで、「道揆」に合うかを考えない猿飼いの親方のような者がいる
② 世の中には「術」をころころ変えて民を使い、「道揆」に沿わない猿飼いの親方のような者がいる
③ 世の中には「術」をめぐらせて民を使い、「道揆」を知らない民に反抗される猿飼いの親方のような者がいる
④ 世の中には「術」によって民を使おうとして、賞罰が「道揆」に合わない猿飼いの親方のような者がいる
⑤ 世の中には「術」で民をきびしく使い、民から「道揆」よりも多くをむさぼる猿飼いの親方のような者がいる

【書き下し文】※音読のためルビと送りがなの歴史的かなづかいは今のかなづかいに変更。

楚《そ》に狙《そ》を養いて以《もっ》て生を為《な》す者有《あ》り。楚人之《そひとこれ》を狙公《そこう》と謂《い》う。旦日《たんじつ》必ず衆狙《しゅうそ》を庭に部分して、老狙《ろうそ》をして率《ひき》いて以《もっ》て山中に之《ゆ》き、草木《そうもく》の実を求めしむ。什《じゅう》の一を賦《ふ》して以て自《みずか》ら奉《ほう》ず。或《ある》いは給《きゅう》せずんば、則ち鞭箠《べんすい》を加う。群狙皆畏《ぐんそみなおそ》れて之《これ》に苦しむも、敢《あ》えて違《たが》わざるなり。一日《いちじつ》、小狙《しょうそ》有りて衆狙《しゅうそ》に謂《い》いて曰《い》わく、「山の果《か》は、公の樹《う》うる所か。」と。曰わく、「否《しから》ざるなり。天の生ずるなり。」と。曰わく、「公に非《あら》ずんば得《え》て取らざるか。」と。曰わく、「否《しから》ざるなり。皆得て取るなり。」と。曰わく、「然《しか》らば則《すなわ》ち吾《われ》何ぞ彼に仮《か》りて之《これ》が役《えき》を為《な》すか。」と。言未《げんいま》だ既《つ》きざるに、衆狙皆寤《しゅうそみなさ》む。其《そ》の夕《ゆうべ》、相《あ》い与《とも》に狙公《そこう》の寝《い》ぬるを伺《うかが》い、柵《さく》を破り柙《おり》を毀《こぼ》ち、其の積《せき》を取り、相《あ》い携《たずさ》えて林中に入《い》り、復《ま》た帰らず。狙公卒《そこうつい》に餒《う》えて死す。

郁離子《いくりし》曰わく、「世に術を以《もっ》て民《たみ》を使いて道揆無《どうきな》き者有《あ》るは、其《そ》れ狙公のごときか。惟《た》だ其《そ》れ昏《くら》くして未《いま》だ覚《さ》めざるなり。一旦之《いったんこれ》を開くこと有らば、其の術窮《きゅう》せん。」と。

※注
惟《た》だ其《そ》れ〜（P.74、8・9行目）――〜のためなのだ。「惟其」は「其」以後に示される原因をあらわす熟語。「其」以前の内容を示す指示語ではないので、「其《そ》の」とは読まない。

【現代語訳】（ ）内は訳者の補訳。

楚にサル（狙《そ》）を飼って生計をたてている者がいた。楚人《そじん》は彼を狙公《そこう》と呼んだ。彼は毎朝、庭でサルたちをグループに分け、年長のサルに統率させて山に入らせ、草や木の実を探させた。狙公はその十分の一を取り上げて自分の食い扶持《ぶち》とした。実を取れないサルがいるとムチ打った。サルたちは恐れ、この仕打ちに苦しんでいたが反抗しようとはしなかった。

ある日、小ザルがみんなに言った。

「山の果実は、狙公が植えたものか?」

「そうではない。天が生んだのだ。」

「狙公でなければ取ることはできないのか?」

「そうではない。誰でも取ることができる。」

「それならばどうして私はあの人の代わりに実を取るのか?」

小ザルの言葉が終わらない前に、サルたちはみんな気がついた。その夜、狙公が寝たのをみんなで確かめ、柵《さく》を破り檻《おり》をこわし、蓄えられた果実を取り、手に手を取って林に入り、二度と戻らなかった。その結果、狙公は飢え死にした。

郁離子《いくりし》は言う。

「術を用いて不合理に民衆を使う者は、狙公とまったく同じだ!人々は知識がなくまだわからないだけなのだ。からくりがわかってしまえば、その術は使えなくなるだろう。」と。

※訳注

仮(P.74、5行目)——(仕事を)代わりに行う

役《えき》(P.74、6行目)——「労≒役」→仕事

1字の漢字は熟語で訳せ(本冊P.174) **上も下も同じ意味の二字熟語**(本冊P.171)参照

復《ま》た〜ず(P.74、7行目)——二度と〜ない

其如～乎（それ～のごときか）（P.74、8行目）――～にほかならない！「乎《か》」は疑問詞でなく感嘆詞。記憶不要。

昏――（P.74、9行目）知識がない。熟語：昏迷《こんめい》

開――（P.74、9行目）知識を得る。熟語：開明

解答

問1（1）②（2）④　各4点　計8点

問2　①　7点

問3　①　7点

問4　①　7点

問5（ⅰ）⑤（ⅱ）③（ⅲ）①　各7点　計21点

〔解き方〕

筆者の主張　筆者の主張をつかむ（P.4）

三つのステップ1・2・3（P.6）より、【文章Ⅱ】の主張は、問5（ⅲ）の

世の中には「術」によって

①民を使うばかりで、「道揆」に合うかを考えない猿飼いの親方のような者がいる

④民を使おうとして、賞罰が「道揆」に合わない猿飼いの親方のような者がいる

と見当をつける。

本番では読みかえす時間などないから、出会う順に解く。まずは問1（1）から。

問1（1）　注

説明・注で正解つかめ！（本冊P.176）を使う。

原文の「生を為《な》す」だけではわからない。読みかえす時間はないんだが…と心配しつつアトマワシにすると、2行目の「自ら奉ず」の〈注5〉で「自らの暮らしをまかなう」とある。

注には正解がほのめかされている（本冊P.176）

のだから、注5と各選択肢を照らし合わせると、次のように、②「生計」しか注5に近い熟語は

ない。

自らの暮らしをまかなう＝②生計をたてる

他の選択肢の意味と例文は次のとおり。
①往生《おうじょう》＝行く　例：極楽往生＝極楽へ行く
③生成＝作る　例：新薬を生成する上で重要なのは…
④畜生《ちくしょう》＝動物。転じて非難語。　例：こんチクショウ！
⑤発生　例：台風が発生する

なお、説明・注で正解つかめという解き方は論理的ではない。でもこの解き方は試験では不思議なほど有効なのだ。その理由は本冊P.175〜176で述べた人間的事情を参照してください。

問2 シテ 熟

「使」があるので「ヲシテ」と「使《し》ム」がある使役。だから①か③。次に、

1字の漢字は熟語で訳せ。（本冊P.174）により「率」を熟語にする。

「率」には「確率《りつ》」「効率《りつ》」など「リツ」と読む場合と、「統率《そつ》」「率《そっ》直」など「ソツ」と読む場合とある。

①「率《ひき》いて」だと「引率《いんそつ》の先生」でおなじみの「引率」という熟語があるが、

③「率《とら》え」だと熟語が浮かばない。そこで「引率」を確認する。

「引率」は

上も下も同じ意味の二字熟語（本冊P.171）と思われるので、「率」の意味は、

引＝率　となり、「引」。

すると読みは

引《ひ》く＝率《ひ》く　となり、①「率《ひき》いて」ならば、

ひきいる≒ひく　なので、これが正解で大丈夫だ。

問3 対比

対比に注意（P.19）すると、

傍線部とその直後は次のような対比だ。

X公所樹与…………………………か？　P.76問3全選択肢末尾
⇔しからざるなり：そうではない
Y天の生ずるなり：天が生んだのだ

選択肢をあてはめてみると、

X公の樹《う》うる所か　：親方が植えたものか①
X公の…与ふる所か：親方が…与えているものか③
X公の……与ふるか：親方が…与えたのか⑤
⇔しからざるなり：そうではない
Y天の生ずるなり：天が生んだのだ

という対比だろう。

決め手を欠くので読み進むと、また次のような対比だ。

x公に非《あら》ずんば得て取らざる与（P.74、4・5行目）
⇔しからざるなり：そうではない
y皆得て取るなり（P.74、5行目）

ここで、xの「与」を③「与ふる」または⑤「与ふるか」として読むと次のとおり。

x：公にあらずんば得て取らざる与ふる（か）

訳：親方でなければ…取ることはできない与える（か）

これでは意味が通じないので①を確認する。

①はX「公所樹与」を「公の樹《う》うる所か」と読んでいるので、「与」は「与ふる」ではなく「か」と読まれているようだ。そこで、Xと同じようにxの「与」も「か」と読むと次のとおり。

x：公にあらずんば得て取らざるか

訳：親方でなければ…取ることはできないのか？

⇔しからざるなり：そうではない

y：皆得て取るなり（P.74、5行目）

訳：みんな…取ることができるのだ

これならば意味が通じるので①が正解。

なお、「与」は疑問の助辞で「か？」と読むが、記載していない教科書もあるので学習不要。受験レベルの漢文は最低の情報で解ける。記憶量を増やすより、論理力を鍛えること。これが「考える」力を測る共通テストで勝ち残る道だ。

問１（２） 熟 注

1字の漢字は熟語で訳せ（本冊P.174）により

上も下も同じ意味の二字熟語（本冊P.171）を確認すると次のとおり。

①積極　積む（量の拡大）≒極める（程度の拡大）

②積年　年を積む

③積分　部分を積む

④蓄積　蓄《たくわ》える（量の拡大）＝積む（量の拡大）

⑤容積　容《い》れる（量の拡大）＝積む（量の拡大）

次に

説明・注で正解つかめ！（本冊P.176）によれば、

〈注４〉十分の一を徴収する

とある。サルたちが親方から

徴収された「蓄《たくわ》え」を「取る」（P.74、7行目）

と考えられるので、④が正解。

問４ 熟 漢 対比

「覚」（P.74、9行目）について

1字の漢字は熟語で訳せ（本冊P.174）により

上も下も同じ意味の二字熟語（本冊P.171）を作ると

「知覚：知＝覚」「感覚：感＝覚」などだろう。

次に「未覚」の訳は、「未」が「いまだ〜ず：まだ〜ない」なので、

未覚（P.74、9行目）＝まだ知らない・まだ感じない

＝

⑤まだ　　気付いていな（い）

①これまで　気付かなかった

ここで「気付かない」のは誰か？について考えると、「衆狙《しゅうそ》皆寤《みなさ》む。：サルたちはみんな目覚《めざ》めた」（P.74、6行目）とあるので、「気付かない」のは**サル**か、あるいは、次の**対比に注意**（P.19）すると「気付かない」のは**民《たみ》**。

X使う者………親方＝術で民を使う者（P.74、8行目）

⇔

Y使われる者……**サル＝民**（P.74、8行目）

したがって正解は、「親方が…気付いていなかった」の⑤ではなく、「**民**たちが…気付かなかった」の①。

問5

（ⅰ）

主張 設問文の「【文章Ⅰ】のエピソードは、『有名な故事成語』を見て、

今から故事成語を覚えなきゃ！キャー、時間がない！

と動揺するが、知らなくても心配ない。暗記に頼らず「考える」力を問う共通テストなので、「考える」ことによって文章の〔主張〕をつかむと正解に至る。

主張をつかむテクニックの

早読みは　最初と最後に　主語述語（P.24）

を使って問5の【文章Ⅰ】に関する記述を追うと、次のとおり。

生徒A 主語 【文章Ⅰ】は　述語 有名な故事成語

生徒B 主語 それ（＝その故事成語は）　述語 X（の）意味

生徒A 主語 親方は　述語 言葉で猿を操っている

生徒C 主語 猿が　述語 親方の言葉に…丸め込まれてしまう

主張をまとめると次のとおり。

故事成語＝X＝親方は言葉で猿を操る＝猿が親方の言葉に丸め込まれる

選択肢を見ると、「言葉で操る・言葉に丸め込まれる」という主張に近いのは、⑤の「口先だけでごまかす」しかない。本番ではここで解答終了。以下は補足の解説。

⑤の「内容を改めない」がキズかどうかを確認する。

【文章Ⅰ】について、

筆者の主張をつかむ（P.４）作業を再確認すると次のとおり。

ステップ１――最初の２行を読む　漢文＝１　現代文＝１　※漢文の【文章Ⅱ】は省略

【文章Ⅰ】猿飼いの親方が…実を分け与えるのに、「朝三つにして夕方四つにしよう、」…猿どもはみな怒

ステップ２――最後の３行を読む　漢文＋現代文＝３　漢文が２行なので現代文を１行のみ

【文章Ⅰ】「それでは朝四つにして夕方三つにしよう、」…猿どもはみな悦《よろこ》んだ

ステップ３――(ⅰ)の選択肢を見る

三つのステップで共通する言葉を探すと、次のように太字部分が同じだ。

ステップ１　**朝三**…**夕方四つ**（P.73【文章Ⅰ】１行目）

ステップ２　**朝四**…**夕方三つ**（P.73【文章Ⅰ】２行目）

ステップ３

①おおよそ同じ…細かな違い＝**朝三夕四**…**朝四夕三**（P.73【文章Ⅰ】１・２行目）

②〜④は省略

⑤内容を改めない＝**朝三夕四**＝合計７＝**朝四夕三**（P.73【文章Ⅰ】１・２行目）

したがって、⑤「内容を改めない」は原文にある内容なので、キズではない。

最後に、「有名な故事成語」（P.77問5、1行目）とは「朝三暮四《ちょうさんぼし》」だが、選択肢⑤の意味以外に、「目先の違いに気をとられて、実際は同じであるのに気がつかないこと。」（大辞泉）もあり、しかも各辞書とも、こちらの方を先に挙げている。

だから、「朝三暮四」の意味を知っていると逆に選択肢に迷う。しかし、共通テストは「考える」力を問う。しかも、

・筆者の主張は何か？

・論者たちの主張は何か？

という読解問題の最終目的を「考える」力を問う。だから、主張をつかめば正解に至るように作られている。

知識は大いに広げよう。でも試験対策にすらならない闇雲《やみくも》な暗記はしなくていいですよ。

(ii) **注**

説明・注で正解つかめ！（本冊P.176）により、生徒Aによる Y を含む文を読むと次のとおり。

Y が…分かれ目…これで…親方と猿との関係が変わっ…た。（P.78、8・9行目）

「これ」は指示語で直前を受けるので、Y については

Y ＝親方と猿との関係が変わ（る）分かれ目

ここで、親方と猿との関係を【文章Ⅱ】で確認すると次のとおり。

群狙…敢えて違《たが》わざるなり（P.73、3行目）＝親方に**服従A**

↓

一日（いちじつ：ある日）…小狙…衆狙に謂《い》いて（P.73・74、3・4行目）

↓

衆狙…其の夕…柵を破り（P.74、6行目）…復《ま》た帰らず（P.74、7行目）＝親方に**不服従B**

服従Aから不服従Bに変わった「分かれ目」［Y］は小狙の発言。したがって、正解は③「小猿が…問いを投げかけた」。

（ⅲ）**主張**

三つのステップ(P.6)で選んだ正解候補の①と④を確認すると次のとおり。

①の［「道揆」に合うかを考えない］のうち、【文章Ⅱ】の「道揆無き」に付け加えられた［～に合うかを考え～］という部分がキズ。

④［賞罰が…合わない］は【文章Ⅱ】にない。ムチという「罰」はあるが、「賞」がないのがキズ。

①については、【文章Ⅱ】において

道揆無き（P.74、8行目）

＝

十分の一を徴収する[注4]ルールが「道揆」に合うかどうかを考えない

とも解釈できる。

④については、【文章Ⅱ】に「賞」がないのは明白なので、キズは深い。したがって①が正解。

他の選択肢については次のとおり。

②「「術」をころころ変えて」は【文章Ⅱ】にない。「ころころ」は【文章Ⅰ】の「朝三夕四→朝四夕三」(P.73、1・2行目)から作った。

③「民に反抗される…者がいる」は【文章Ⅱ】にない。反抗したのはサル。民の反抗については、原文にその語句がない。

⑤「民から「道揆」よりも多くをむさぼる」は【文章Ⅱ】にない。原文はあくまでも「道揆無き」(P.74、8行目)であり、「道揆無き」の結果は論理的には次の三つ。

・「道揆」よりも多くをむさぼる
・「道揆」と同じく取る
・「道揆」よりも少なく取る

もちろん当時の現実は「民から…多くをむさぼる」ものであり、その苦しみから民衆を救うためにこの文章が書かれたはずだが、原文にはその語句がない。

ないものはない。これが事実だ。

ないものを想像で補うと必ず間違う。これは受験の真実だ。

例題3

次の文章を読んで、後の問い（問1～6）に答えよ。（設問の都合で送り仮名を省いたところがある。）（配点50）

大《たい》〈注1〉観《くわん》ノ末、魯〈注2〉公責《つと》〈注3〉メテ二宮《きゆう》祠《し》ヲ一帰ル二浙《せつ》〈注4〉右《いう》ニ一。吾侍シテレ公ニ舟行シ、一日過《よぎ》リ二新《しん》〈注5〉開《かい》湖《こ》ニ一、睹《み》ル二漁〈注6〉艇ノ往還上下スルヲ一。魯公命ジテレ吾ニ呼ビ二得テ一艇ヲ一来タラシメ、戯レニ售《か》フコトレ魚ヲ可《ばかり》ナリ二二十鬣《れふ》〈注7〉一。小大又タ弗《ず》レ斉《ひと》シカラ。問ヘバ二其ノ直《あたひ》ヲ一、曰ハク、「三十銭也ト。」A吾使ム二左右ヲシテ如クレ数ノ以ツテレ銭ヲ畀《あた》ヘレ之ニ焉。

去リ来タリテ未ダルニレ幾《いくば》クナラ、忽《こつ》トシテ遥《はる》カニ見ル三漿《しやう》〈注8〉艇《てい》ノ甚ダ急ニ、飛ビテ趁《お》フヲ二大舟ヲ一矣。吾与レ公咸《みな》愕《がく》然《ぜん》トシテ謂フ、「此レ必ズ得タル二大魚ヲ一乎。将ニル二喜ビテ而復タ来タラント一邪ト。」頃《しばら》クシテ已ニ及ベバ、則チ曰ハク、「B始貨二爾魚一約(ア)二三十銭一也。今乃チ多シ二其ノ一一。用《も》ツテレ是ヲ来タリテ帰スレ爾ニ。」魯公笑ヒテ而却《しりぞ》クレ之ヲ。再三ナルモ不レ可《き》カ。竟《つひ》ニ還シ二一銭ヲ一、而ル後去ル。C魯公喜ブ。吾時ニ十四ナリ矣。白《まう》ス二魯公ニ一、「D此レ豈ニ非ズ二隠者ニ一邪ト。」公曰ハク、「江湖ノ間、人ノ不ルレ近ヅカ二市《し》〈注9〉廛《てん》ニ一者類《おほむ》ネ如シトレ此クノ。」

吾毎《つね》ニ以ツテ思レフ之レヲ。今ノ人ノ被《き》ルハ〈注10〉二朱紫一ヲ、多下キモ（イ）道二ヒテ〈注11〉先王ノ法言一ヲ、号二シ士君子一ト、又タ従二ヘ騶《すう》〈注12〉哄《こう》一ヲ、坐二シテ堂上一ニ、曰中フモノ貴人上ト、及下ベバ一タビ触二レレ利害一ニ校中《くら》ブルニ〈注13〉秋毫上ヲ、則チ其ノ所レ守ル、未三ダ必ズシモ能ク尽クハ二附セ新開湖ノ漁人一ニ也。故ニ書ス。

（蔡絛《さいとう》『鉄囲山叢談』による）

〈注1〉大観――宋代の年号（一一〇七〜一一一〇）。

〈注2〉魯公――筆者蔡絛の父、蔡京《さいけい》。

〈注3〉貴二宮祠一――祭祀《さいし》の任を担う。高官を退いた者があたるが、実際の職務はない。

〈注4〉浙右――浙江《せっこう》（銭塘江《せんとうこう》）の西の地域。筆者の父の隠居所がここにあった。

〈注5〉新開湖――現在の江蘇省高郵《こうゆう》にあった大運河沿いの湖。

〈注6〉漁艇――小型の漁船。

〈注7〉鬣《れふ》――ひれ。魚を数える助数詞。

〈注8〉槳艇――櫓《ろ》で漕《こ》ぐ小舟。

〈注9〉市廛――商店のある街。

〈注10〉朱紫――高位高官の者が身につける服。

〈注11〉先王法言――昔の聖王の遺《のこ》した、のっとるべき言葉。

〈注12〉騶哄――貴人を先導する従者。さきばらい。

〈注13〉秋毫――わずかなもの。

問1　波線部(ア)「約」・(イ)「道」と同じ意味で用いられている語として最も適当なものを、次の各群の①～⑤のうちから、それぞれ一つずつ選べ。

(ア)　約
① 要約
② 節約
③ 倹約
④ 誓約
⑤ 簡約

(イ)　道
① 人道
② 報道
③ 道理
④ 道程
⑤ 道具

問2　傍線部A「吾使二左右如一レ数以レ銭畀一レ之焉。」の意味として最も適当なものを、次の①～⑤のうちから一つ選べ。

① 私は行き交う漁師たちに適正な値段をつけさせ、お金を渡した。
② 私は傍らの漁師に魚の大小に応じて値段をつけさせ、お金を渡した。
③ 私は傍らの漁師に魚の数に見合っただけの値段をつけさせ、お金を渡した。
④ 私は傍らの従者に命じ、求められた金額どおりお金を渡させた。

⑤ 私は傍らの従者に命じ、魚の数と大小とを考えあわせてお金を渡させた。

問3 傍線部B「始　貨二爾　魚一約二三　十　銭一也。」の読み方として最も適当なものを、次の①〜⑤のうちから一つ選べ。

① 始め爾《なんぢ》に魚を貨《う》るも三十銭に約せんや。
② 始め爾の魚を貨るに三十銭を約せんや。
③ 始め爾に魚を貨るに三十銭を約するなり。
④ 始め爾に魚を貨らしむるに三十銭を約するか。
⑤ 始め爾の魚を貨らしむるも三十銭に約するなり。

問4 傍線部C「魯　公　喜。」とあるが、魯公の気持ちの説明として最も適当なものを、次の①〜⑤のうちから一つ選べ。

① 一尾足りなかったと言い、わざわざ魚を届けてくれた漁師の殊勝な心がけに感動した。
② 一尾多く渡してしまったと言って魚の返品を求めた漁師に、かえって生真面目《きまじめ》さを覚え感心した。
③ 一銭足りなかったと言って取りにきた漁師と争ったが、自分の誤りに気づき、正しく支払うことができて安心した。
④ わざわざ追いかけてきた漁師が、値をつけるのが一銭高すぎたと言ってお金を返していった

ことを、得したと思った。

⑤　一銭多くもらったから届けにきたと言い、要らないと断っても、律儀に余分なお金を返していった漁師に好感がもてた。

問5　傍線部D「此　豈　非㆓隠　者㆒邪。」とあるが、当時年少であった筆者がこのように言ったのはなぜか。その理由として最も適当なものを、次の①～⑤のうちから一つ選べ。

①　金銭に関して潔癖で、人の好意に甘えず実直に生きる漁師が、利欲とは無縁の高尚な人物に見えたから。

②　繁華な都会から離れて湖で質素に生活する漁師が、反骨精神にあふれた孤高な人物に見えたから。

③　生業にいそしむ漁師とはじめて身近に対話したところ、その話し方は飾り気がなく、純朴な人物に見えたから。

④　昔の聖王の言葉にしたがって湖上に暮らし、利害関係の渦巻く市場に近づかない漁師が、清廉な人物に見えたから。

⑤　高官を退いた父と湖に遊んで悠然とした気分になり、湖上で自由な生き方をする漁師が風流な人物に見えたから。

問6　筆者は、この新開湖での出来事に触れながら、どのようなことを言おうとしているのか。最も適当なものを、次の①～⑤のうちから一つ選べ。

① 当節の高官の中にも、わずかな利害にとらわれず節操を守ることのできる者がいて、彼らは新開湖の漁師のような隠者と心を通じ合える、ということ。

② 当節の高官の中には、わずかでも利害がからむと節操を守ることのできない者がおり、彼らは新開湖の漁師に及ばない、ということ。

③ 当節の高官の中にも、わずかな利害にとらわれず節操を守ることのできる者がいて、彼らは新開湖の漁師にまさる、ということ。

④ 当節の高官の中には、わずかな利害にさとく了見の狭い者が多いので、彼らは新開湖の漁師のような隠者とは心を通じ合えない、ということ。

⑤ 当節の高官の中にも、わずかな利害にとらわれず昔の聖王の言葉を守っている者がおり、彼らは新開湖の漁師に劣りはしない、ということ。

書き下し文

※復習のため、ルビと送りがなの歴史的かなづかいは現代かなづかいに変更。

大観《たいかん》の末《すえ》、魯公《ろこう》宮祠《きゅうし》を責《つと》めて浙右《せつゆう》に帰る。吾《われ》公《こう》に侍《じ》して舟行《しゅうこう》し、一日《いちじつ》新開湖《しんかいこ》に過《よぎ》り、漁艇《ぎょてい》の往《おう》還《かん》上下するを睹《み》る。魯公《ろこう》吾《われ》に命じて一艇《いってい》を呼び得《え》て来《き》たらしめ、戯《たわむ》れに魚《さかな》を售《か》うこと二十鬣《りょう》ばかりなり。小大〈注1〉又《ま》た斉《ひと》しからず。其《そ》の直《あたい》を問えば、曰《い》わく、「三十銭なり。」と。吾左右《さゆう》をして数《かず》のごとく銭《ぜに》を以って之《こ》れに畀《あた》えしむ。

〈注2〉去《さ》り来《き》たりて未《いま》だ幾《いくば》くならざるに、忽《こつ》として遥《はる》かに槳艇《しょうてい》の甚《はなは》だ急に、飛びて大舟《たいしゅう》を趁《お》うを見る。

吾と公と咸愕然《みながくぜん》として謂《い》う、「此《こ》れ必ず大魚《たいぎょ》を得《え》たるか？将《まさ》に喜びて復《ま》た来《き》たらんとするか？」と。頃《しばら》くして已《すで》に及《およ》べば、則《すなわ》ち曰《い》わく、「始《はじ》め爾《なんじ》に魚《さかな》を貨《う》るに三十銭を約《やく》するなり。今乃《すなわ》ち其《そ》の一《いち》多し。是《ここ》を用《も》って来《き》たりて爾《なんじ》に帰《かえ》す。」と。魯公《ろこう》笑いて之《こ》れを却《しりぞ》く。再三《さいさん》なるも可《き》かず。竟《つい》に一銭《いっせん》を還《かえ》し、而《しか》る後《のち》去《さ》る。魯公喜ぶ。吾《われ》時《とき》に十四なり。魯公に白《もう》す、「此《こ》れ豈《あ》に隠者《いんじゃ》に非《あら》ずや」と。公曰わく、「江湖《こうこ》の間《かん》、人《ひと》の市廛《してん》に近づかざる者類《おおむ》ね此《か》くのごとし。」と。

吾毎《つね》に以《も》って〈注3〉之《こ》れを思う。今《いま》の人《ひと》の朱紫《しゅし》を被《き》るは、先王《せんのう》の法言《ほうげん》を道《い》いて、士君子《しくんし》と号《ごう》し、又《ま》た騶《すう》哄《こう》を従え、堂上《どうじょう》に坐《ざ》して、貴人《きじん》と曰《い》うもの多きも、一たび利害に触れ秋毫《しゅうごう》を校《くら》ぶるに及べば、則《すなわ》ち其《そ》の守る所、未《いま》だ必《かなら》ずしも能《よ》く尽《ことごと》くは新開湖の漁人《ぎょじん》に附《ふ》せざるなり。故《ゆえ》に書《しる》す。

現代語訳

大観の末のころ、(父上の)魯公は宮祠の任を終えて浙右《せつゆう》に帰った。私は父上に同行して舟で旅をしていたが、ある日、新開湖で漁師たちの小さな舟がさかんに行きかう光景に出くわした。父上は私に命じて小舟を一艘《そう》呼ばせ、旅の余興として適当に魚を買った。分量はざっと二十匹ほどであり、大きさもそろっていない。値段を聞くと、「三十銭です。」と言う。私は言い値のとおり従者に銅銭で払わせた。

漁師が去って間もなく、突然、遠くから小舟が急いで飛ぶように(私たちの)大船を追ってくるのが見えた。私と父上はびっくりして、「さては大きな魚でも釣ったか？だから大喜びでやって来てまた買ってもらおうとするのか？」と言い合った。しばらくして小舟がこちらに追いつき、漁師が

CHAPTER4

問題編

言った。「もともとおたくには三十銭で売ると言いました。でも気が付くと一銭多くもらっていました。だからおたくに帰しに来ました。」父上は笑って断ったが、何度断っても漁師は承知しない。とうとう一銭を返して帰っていった。

父上は喜んだ。私はその時十四歳。父上に申し上げた。「あの人はまさに隠者ではありませんか！」すると父上は「売り買いをする町に近づかない者は、この水郷一帯ではみんな彼らと同じなのだ。」と答えた。

私はいつも次のように考えている。いま高位の官服を着ている人々のほとんどは、昔の聖王のありがたい言葉を口にして「人格者」と称し、さらに先払いの従者を連れて、国政を動かし、「貴人」と言われている。しかし、いったん損得にかかわり、わずかな利害にこだわる場面になると、彼らのうちの一部の人々が守る道徳の水準は、新開湖の漁師のそれに必ずしも近づくことはできない。だからここに（父上との思い出を）書いておくのだ。

〈注1〉3行目…「又《ま》た」は「Aに加えてBも又《ま》た」という構造を取る言葉。ここでは買った魚の分量「およそ二十四」と大きさ「大小ふぞろい」がAとBに相当するので、訳は「A分量がおよそ二十四であることに加えて、B大きさも又たふぞろいだ」となる。
〈注2〉5行目…「去り来《き》たり」の「来」は助字で、意味を持たない。
〈注3〉11行目…「之《こ》れを思う」の「之《こ》れ」は、直前ではなく直後の思考内容。

筆者の父は、十六年間国権の頂点に立っていたが失脚し、「国賊」の汚名をきせられて流罪となり、刑地に着く途中で病没した。しかも「死因は餓死」と噂される恥辱を受けた。筆者本人も流罪。問題文の背景には今の政権に対する恨みがある。

解答

問1 (ア) ④ (イ) ② 各5点 計10点
問2 ④ 8点
問3 ③ 7点
問4 ⑤ 8点
問5 ① 8点
問6 ② 9点

〔解き方〕

筆者の主張

筆者の主張をつかむ

主張をつかむ三つのステップの作業により、筆者の主張の一部は[今の高官はダメ、新開湖の漁師（のような隠者）はヨイ」だった。「高官ダメ！　漁師ヨイ！」と念じながら、出会う設問順に解き進む。

問2 **使用するコレだけ知識** シテ 漢

1　まず傍線部は「ヲシテ」だから使役で、訳は「せる、させる」。よって「…渡させた。」の④か⑤が正解。

2　次に傍線部の「如」（本冊P.147）を訳すと次のように正解に至る。

(1)　直訳
数の如《ごと》く ――→ 数のように
　　　　　　　　　　　＝
(2)　傍線部の直前で補う
（直＝値段として漁師に言われた三十銭）のように
　　　　　　　　　　　＝
④「求められた金額　どおり」

もし⑤「魚の数と大小と」が正解ならば、「…と…と」「A与《と》トレB」（本冊P.154）が原文にあるはず。ヒッカケ選択肢も漢字などのコレだけ知識で作られる。だから、

川合柳格

正解は　コレだけ知識で　選ばれる

問3　ンヤ　疑?　シテ

①②「…んや」の反語（本冊P.56）、④「…か?」の疑問（本冊P.81）、⑤「…しむる」の使役（本冊P.10）は本文にないので、正解は③。

問1 (ア) 熟 1字の漢字は熟語で訳せ。熟語の訳で正解探せ！
問3③「魚《さかな》を貨《う》るに三十銭を約《やく》するなり」から思いつく「約」の熟語は「約束」。すると正解は④「誓約」。「約束＝誓約」をイメージしにくい者は、「(浮気しませんと) 誓約」した夫が、「(あのとき) 約束 (したでしょ！)」と妻に叱られる場面を思い浮かべてほしい。

なお、選択肢の中で上も下も同じ意味の二字熟語 (本冊 P. 171) は「誓約」のみで、「約束する」という意味をもつ。他の選択肢「要約・節約・倹約・簡約」の「約」はいずれも「量が少ない」の意味。

問4 対比 主張

1 対比に注意！(P. 19) しながら読み進む

問3で問われた傍線部Bと、それに続く文は、次のような対比になっている。

訓読…始め　爾《なんじ》に魚を貨《う》るに三十銭を約するなり。(③)
⇔ ところが
今　乃《すなわ》ち其《そ》の一多し。→是《ここ》を用《も》って来《き》たりて爾《なんじ》に帰《かえ》す。

訳…始め　あなたに魚を売る時、三十銭で約束した。
⇔ ところが
今　その一つ (一銭) が多い。→　そこでやって来てあなたに返すのだ。

なお、「今の世はまちがっている!」ルール（P.20）でも、「今の…はまちがい」↓「今、その一つが多いのはまちがい」となって、対比を補強する。

2　正解は正確な訳で作られる（P.27）

ここで問4を見ると、傍線部Cの「気持ちの説明」が問われているので、もう一行訳し続ける。

（漁師が言った）

「始めあなたに魚を売った時、三十銭で約束したが、今（見ると）一銭多いので、あなたに返す。」魯公笑いて之れを却《しりぞ》く。再三《さいさん》なるも（漁師は）可《き》かず。竟《つい》に一銭を還《かえ》し…去る。C魯公喜ぶ。」

となるので、魯公が喜んだ理由は、⑤「一銭多くもらったから届けにきたと言い、要らないと断っても…余分なお金を返していった漁師に好感がもてた」から。

3　三つのステップでわかった主張と照合すると、次のように⑤が正解として確定。

⑤「漁師に好感がもてた」＝主張：漁師ヨイ！

問5　ズヤ　主張　対比

1　訳す

傍線部Dが「…ずや」の詠嘆「…ではないか！」なので、Dの訳は、「これはまさに隠者ではないか！」となる。

2　主張と対比を再確認する

「隠者」と言われたのは新開湖の漁師なので、「隠者」または「新開湖の漁師」と「今の高官」を対比した問6の正解候補②④を確認すると次のとおり。

高官A　は　新開湖の漁師Bに及ばない　　隠者Bとは心を通じ合えない

ダメA　は　　　　ヨシBに及ばない　　ヨシBとは心を通じ合えない

＝

ダメA　「利害がからむと節操を守ることができない」「わずかな利害にさとく了見の狭い」

⇔対比

ヨシB　利害にとらわれない　節操を守る　　小さな利害に無関心　心が広い

3　対比されているヨシBを問う問5を見る

選択肢を見ると正解候補は二つ。

ヨシB　　利害にとらわれない　節操を守る　小さな利害に無関心　心が広い

＝

①「金銭に…潔癖…利欲とは無縁」

④「利害（に）…近づかない…清廉《せいれん》」

4　原文と照合する

④の「昔の聖王の言葉にしたがって湖上に暮らし」という内容は原文にないので、①が正解。

問1（イ）漢熟 1字の漢字は熟語で訳せ。熟語の訳で正解探せ！

「道ヒテ」だから「道《い》フ」（本冊P.142）。そこで正解は②「報道→報＝道→情報を報じ・道《い》う」になる。

問6 主張 三つのステップの作業により、正解候補は②と④だった（P.26）。この二つを原文と照合すると次のとおり。

12行目　利害に触れ　わずかなもの[注13]をくらぶる

←翻訳

②わずかでも利害がからむ

④わずかな利害にさとく　＋了見の狭い

④「了見の狭い」に相当するものは原文にない。

川合柳格

正解は　正確な訳で　作られる

（P.27）

ので、②の正解が確定。

□共通テストとセンター過去問の解説はネット版『漢文補遺』に随時更新。ｋａｎｂｕｎｈｏｉで検索できます。

漢文早覚え速答法　共通テスト対応版　⑮

KANBUN
HAYAOBOE
SOKUTOUHOU